社会が変わる
とはどういう
ことか？

Who changed our society? And how did the change happen?

広岡守穂 編
HIROOKA Moriho

有信堂

はじめに

広岡　守穂

1. この本のテーマは、社会が変わるとはどういうことか、それを具体的に考えてみることである。たとえば夫が妻に暴力を振るうことなど、昔は悪いことだとは考えられていなかった。それがいつの間にか、DV と言われ、許すべからざる行為とされるようになった。社会が変わったのである。どのようにして変わったのか。事実関係に即して考えてみようというのが本書のテーマである。

執筆者はわたしをふくめて 10 人。父親の子育てや市民マラソンの普及など、それぞれよく知っているテーマについて書いている。学生が学びたい分野を決め、それに応じて教員が学生の協力を得ながら執筆するという進め方で本をつくった。10 人の執筆者にあたえられたテーマは、ジェンダー、地域づくり、平和だった。各執筆者はその範囲の中で自分が書ける、または書きたいことを選んで論文を書く。論文執筆にあたって学生と協力するということにした。学生との協力というのは、たとえば年表をつくるとか、関係者にインタビューするとか、過去の新聞記事を調べるといったことである。具体的にどのようにして本づくりを進めたかは、巻末の「あとがき」を見てほしい。

ジェンダー、地域づくり、平和から 10 人が選んだテーマは、父親の子育て、女性に対する暴力、男女共同参画の推進、社会教育の役割、地域社会の国際化、子どもの権利擁護、安全安心のまちづくり、平和教育、国際親善、相互理解だった。

2. さて社会はどのように変わっていくのか。問題があると、それに苦しんでいる当事者がいる。当事者が声を上げると、支援者があらわれる。支援者といっても、いろいろである。当事者の友人や家族がいる。法律家がいる。ジャーナリストがいる。立法措置が必要な問題であれば、政治家や官僚の存在はほとんど不可欠である。などなど。こうしてさまざまな立場の人びとが、呼応して、あるいは独自に声を上げることによって、人びとの認識は少しずつ変わり、問題は解決されていく。

1980年代には「帰国子女」という問題があった。親の仕事の都合などで外国で育った子どもは、帰国したときに進学に苦労するという問題である。たしかに帰国子女は、大学受験で非常に大きなハンディキャップを負ったのである。だが大学は帰国子女枠を設けて問題解決に取り組んだ。今では「帰国子女」という言葉に、進学に苦労するというイメージはほとんどない。むしろ語学に堪能で異文化体験をもっているから、企業がほしがる人材だというイメージのほうが強いだろう。

こういう変容の過程を社会学では構築という。本書のねらいは、いわば構築という視点で社会の変容をとらえてみようというわけである。

3. ジェンダーは社会的構築がうまくいった分野である。と言えば女性の社会参画は遅々として進んでいないではないかと反論されるかもしれない。たしかにそのとおりである。しかし実態はともかく意識は非常に大きく変わった。かつては男は家庭のことなど考えるものではないとされ、家庭を大切にするような男は大事をなすことはできないと考えられていた。司馬遼太郎の小説に登場する重要人物はすべてそういうタイプの男たちである。ところが今では父親も子育てすべきだと考えられ、女性の能力は男性に劣らないと考えられるようになった。

ジェンダー意識が変わったことでは、半世紀前にくらべても隔世の感がある。50年前には夫が妻を殴るのはよくあることとされ、よほどひどい暴力でない限り誰も咎めだてしなかった。もちろんDVという言葉はかげも形もなかった。

昔は女性の先生が担任になると、不満をとなえる保護者がいたものだ。女の先生は感情的だし出産のため休んだりする。そもそも教える能力が劣るではな

いかというのである。今から思うとはなはだしい偏見だが、人びとはそういうことを公然と口にした。保護者会という言葉はなかった。父兄会だった。父兄会ではいくら何でも女性蔑視だというので父母会とあらためられたが、それも父母ばかりが保護者ではないということで保護者会になった。

ジェンダーの分野で構築がうまくいった1つの理由は国外からの力が働いたというところにある。ジェンダーは日本の問題であることはもちろんだが、日本発の問題ではない。DV（女性に対する暴力）も、女性の性的自己決定権（性と生殖に関する健康と権利）も、最近ではSOGI（いわゆるLGBTなど性的マイノリティに関連する）も、欧米で提起され、今では国際社会が一致協力して取り組んでいる課題である。もともと日本にも存在したが、力強い取り組みがはじまったのは欧米で問題提起がなされたのがきっかけとなってのことである。つい最近ではアメリカの女性たちの「MeToo」運動が話題になった。これからの動きが注目されるのは働く女性が職場でパンプスやヒールを強要されることに抗議の声を上げはじめたことだ。これもきっかけは2017年に有名モデルのヴィクトリア・ベッカムが、もうヒールは履かないと声を上げたことだった。

本書では山本千晶氏がDVについて、吉田洋子氏が神奈川県における男女共同参画推進について、わたしが父親の子育てについて書いている。

4. 平和は社会的構築がうまくいっていない分野である。平和は戦後日本の悲願であり国是である。誰も平和の大切さに異をとなえないはずだ。ところがその割には平和は堂々と定着していない。

2014年、ある市の公民館だよりに70代の女性が投稿した俳句が掲載を拒否された。それは「梅雨空に『九条守れ』の女性デモ」という句だった。掲載を拒否した理由は「世論を二分するテーマなので」ということだった。これは平和の構築がうまくいっていないことを示す象徴的な出来事だった。世論を二分するテーマだからという理由で市の公民館だよりに俳句の掲載を拒否できるのなら、パンプスで外反母趾になったことを詠んだ俳句は、将来、拒否されるようになるのだろうか。そんなことは考えられない。それはジェンダーについて、個々の問題についての賛否はともかく、その根本理念については広い合意が成り立っているからである。

一方、「九条守れ」のシュプレヒコールを聞いている女性は、街頭でデモに旗を振っているかも知れないし、病室の窓の外にそれを聞いているのかも知れない。改憲だの護憲だのというメッセージは伝わってこない。平和についての広い合意が成り立っていたら、まったく問題にならない句である。それなのに掲載拒否という決定を呼び起こすのは、担当者が何かに怯えたというほかない。それが何かは推測するしかないが、たとえば改憲を主張する人からのクレームを恐れたのかもしれない。

憲法9条をめぐる対立はある。改憲か護憲かは、たしかに世論を二分するテーマである。そして裁判所の判断が言うように、世論を二分するのでということは掲載拒否の理由にはならない。それははっきり言っておきたい。わたしが言いたいのはそのこととは別に、憲法9条についての対立を取り上げると、平和そのものについての対立までが表面化することへの恐れが働いているということである。いや平和の内容についての対立があるというより、平和の構築がうまくいっていないのである。

5. なぜ平和の構築がうまくいっていないか。東アジアの冷戦が戦後70年以上たってもいまだに終焉していないこともあるし、日米安保のこともある。第二次世界大戦後の国際環境が、平和の構築をさまたげている。東西冷戦という食うか食われるかの対立の中で、平和という言葉はしばしば敵方を批判するために用いられた。それだけではないが、国際環境は平和の構築がうまくいかないもっとも根本的な原因の1つである。

日本の社会的構築には海外からの力がよく働く。非常によく働く。そもそも明治以後の国づくりが、まさしく西欧諸国をお手本にしての壮大な社会的構築だった。ジェンダーは外からの力が働いた構築の典型的な分野の1つである。だがこと平和に関する限り、海外から構築を失敗させる方向の力が働いたのである。

だが平和の構築がうまくいっていないことを国際環境のせいにするのは、いくら何でも知恵がない。平和の概念を国是として確立しようという努力を政治が怠ってきたのである。平和の構築がうまくいっていない最大の理由は、やはり国内にあるのだ。

一方には、日本が自分から中国やアメリカに戦争を仕掛けたのであり、とくに中国を戦場にして大量の人命を奪ったことからできるだけ目を背けようとする人たちがいる。太平洋戦争末期の空襲被害ばかり言いつのって平和をとなえるのでは、とても平和の概念は深くならない。他方で、憲法9条を改正したら平和主義の放棄になると主張する人たちがいる。たしかにそれは平和主義の放棄かも知れない。だが平和と平和主義は違う。軍隊を放棄しなければ平和でなくなるとしたら、それは何と窮屈な平和だろうか。保守派は日本が加害者であったことから目をそらそうとするし、左派は国際社会から隔絶でもされなければ実現できないような理想論にしがみついている。

そのうえ平和教育では被害体験ばかり強調される傾向が強い。日本は大陸を侵略し大勢の人を殺害したにもかかわらず、である。まだある。戦争で何が起こったかについて、わたしたちはよく知らない。戦争で殺されたフィリピン人がどれほどいたか、ちゃんと知っている人はいるだろうか。何と100万人である。

戦争は「われわれ」という意識をつくる。1人の国民が殺されても、「われわれ」の仲間が殺害されたという集合的記憶をつくる。それが戦争である。戦争に限らず、被害者のほうが加害者より事実についてよく語るものだ。やってしまったこと（加害）の記憶が薄らぎ、やられたこと（被害）の記憶が保持される。こうして意図せざる記憶の書き換えが起こる。

平和は未来志向で、建設的で、明るいものだと思う。平和と民主主義は必ずしも直結するわけではないが、戦後日本では平和と民主主義が結びついている。民主主義は現状を平和的に変更するためのルールである。多数決について「頭数を減らすのではなく、頭数を数える」制度というのはそのことである。平和もまた現状維持ではなく、現状を平和的に変更することである。

本書では上村英明氏が平和教育の課題について、神子島健氏がフィリピン人の戦争体験の聞き取り活動について、暉峻僚三氏がレイシズムについて書いている。

6. まちづくりの分野は実に多様である。近藤真司氏、川崎あや氏、和田佐英子氏、谷岡慎一氏の4氏が執筆しているが、4氏の論文に書かれたこ

とは知らないことばかりだった。学生もわたしもたいへん教えられたし、おもしろかった。

●市民マラソン

近藤真司氏は走ることの意味がこの四半世紀の間で大きく変わったことを明らかにしている。日本はマラソン大国である。強い選手も多いし、走ることを楽しむ人も多い。以前は、公道を走るマラソンは競技者のものだった。ところが市民が走る市民マラソンが広がっていき、日本はいつの間にかマラソン大国になる。ホノルルマラソンに参加する日本人は多いが、ひところはフィットネスクラブが仲介した人が目立ったそうである。

わたしたちにとって、学校で走ることは楽しいことだったろうか。廊下を走れば叱られた。けんかをしたり規則を破ったり遅刻したりすれば、罰として校庭を 10 周させられたりしなかっただろうか。体育の授業では楽しく走れただろうかと近藤氏は問いかける。学校で走ることには幾分かでも負の感情が伴った。でもマラソンは違う。たのしいのだ。それはいつから変わったのか。近藤氏は長く現場を見てきた人の目で論じている。

●生活困窮者支援

川崎あや氏は生活困窮者支援の仕組みをつくることの問題を、現場で活動している支援者の次元と政府の政策決定の次元の両方からとらえている。少し前から貧困対策では社会的包摂（ソーシャル・インクルージョン）という言葉がよく使われる。社会的に孤立すると貧困からなかなか抜け出せなくなる。貧困から抜け出すには社会とのつながりをもつことが大切だというわけである。社会的なネットワークの中にどのようにして生活困窮者を受け容れるか。そのためには寄り添い型の支援が必要だ、というわけで民主党政権のもとではじまったのがパーソナル・サポート・サービス事業だった。川崎あや氏は生活困窮者の包括的支援のあり方が模索される過程をえがいている。

●安全安心のまちづくり

安全安心のまちづくりは防災と防犯のまちづくりのことをさしている。日本は自然災害が多いし、犯罪に対する不安が高まっている。実際には刑法犯の認知件数は減っているのだが、振り込め詐欺など新しいタイプの犯罪が増え、人びとは不安をつのらせている。

和田佐英子氏は安全安心のまちづくりの取り組み事例を紹介している。和田氏が取り上げているのは 2005 年 12 月に下校途中の小学生が殺害された事件をきっかけに、地域と学校が強い絆をつくりあげて安全安心のまちづくりに取り組んだ栃木県日光市（旧今市市）の事例である。このとき結成された大沢ひまわり隊は登下校の付き添いや通学路などの見回りを 10 年以上も続けている。今市事件とほぼときを同じくして、2004 年 11 月に奈良で、2005 年 11 月に広島で同様の事件が発生しており、このころ子どもの安全に対する意識が非常に高まった。ちなみに 2014 年犯人逮捕。しかしえん罪説もある。

●日本語ボランティア

国際化が進み、日本に住む外国人の数が 263 万人と大幅に増えた（2018 年）。これは総人口の 2 ％をしめる。今や日本に住む人の 100 人に 2 人が外国人なのだ。外国で暮らすことの困難は想像に難くない。病気、就業、市役所の届け出、近所付き合いなどなど。その根本にあるのが言葉である。だから日本語ボランティアがしばしば外国人を日本社会に受け容れる窓口の役目を担っている。そして日本語通訳の活動を媒介にして、地域社会が変わっていく。谷岡慎一氏の論文はその様子を追いかけている。

ちなみに神奈川県では病気になった外国人のために「医療通訳派遣システム事業」をおこなっている。神奈川県と県内市町村が、神奈川県医師会、神奈川県病院協会、神奈川県歯科医師会および神奈川県薬剤師会の協力のもと、特定非営利活動法人多言語社会リソースかながわ（MIC かながわ）と協働して、県内の 69 の協定医療機関からの派遣依頼を受けて、コーディネーターが調整のうえ、医療通訳ボランティアを派遣するシステムである（神奈川県のホームページ http://www.pref.kanagawa.jp/docs/k2w/cnt/f3530/）。神奈川県ではほかに、多言語支援センターかながわがある。公益財団法人かながわ国際交流財団と MIC かながわの 2 団体が運営しており、ここでも医療の相談を受けている。このような制度は各地にある。

7. はじめに述べたように、この本のテーマは、社会が変わるとはどういうことかを、事実関係に即して、具体的に考えることである。取り上げた分野はジェンダーや平和のように、たいへんわかりやすい分野もあれば、社会

体育や貧困対策や地域防犯活動や日本語ボランティアのように、日常生活の場面ではなかなか気がつかない分野もある。どのように書くかということもそれほど容易ではない。人びとがあまり意識しないうちに変わっているからである。

政治的な観点から言えば、このようにして、いわば多元的な社会的綱引きの結果、社会の考え方が変わっていくこと、すなわちそれが構築なのであるが、構築は社会的デモクラシーの現実の姿なのだと言っていいのではないかと思う。もちろんファシズムに向けての構築や排外主義に向けての構築もあるので、構築がただちにデモクラシーと結びついているわけではない。

だからこそわたしたちは、自分たち1人ひとりの意識や行動が社会を変える力の中に存在しているのだということを、つまり自分たち1人ひとりが社会を変える力をもっているのだということを、自覚したいものだと思う。

社会が変わるとはどういうことか？／目次

はじめに

第1部　ジェンダー

第1章　父親の子育てが当たり前になるまで ─────── 広岡 守穂　3

1. かつては父親が子どもの面倒を見ないのは当たり前だった（3）
2. 自分はどうだったか？（4）　3. 100年前の保育所のこと（5）
4. 共働き夫婦の声（6）　5. わたしが『男だって子育て』を書いたころ（8）　6. 「3歳児神話」と闘う（10）　7. 子育てサークルをはじめた人たち（11）　8. ファザーリング・ジャパン（13）　9. 厚生省のポスター「育児をしない男を父とは呼ばない」（13）　10. 男性の育児時間は？ 男性の育児休業取得率は？（14）

第2章　ジェンダー──「ドメスティック・バイオレンス」── 山本 千晶　16

はじめに（16）　1. 女性たちの経験（17）　2. 社会問題化することの困難（18）　3. 個人的なことは政治的─社会問題化（19）　4. 1992年「夫（恋人）からの暴力」全国調査（20）　5. 「個人の経験」から社会構造の問題へ（22）　6. DV防止法の成立（25）　7. DV防止法における「暴力」概念（26）　8. DV防止法改正（27）

第3章　男女共同参画政策とかながわ女性会議 ─────── 吉田 洋子　31

はじめに（31）　1. かながわ女性会議発足は、国際婦人年がきっかけ（31）　2. 女性たちのエンパワーメント─世界の動きに刺激されて（32）　3. わたし自身のこと（33）　4. 学童保育づくりに取り組む（34）　5. まちづくりや都市計画の分野から（35）　6. 公共建築へのメッセージ─女性からの提案（37）　7. かながわ女性会議の最近の活動（39）

コラム① 子育てのたいへんさ（43）

第2部　まちづくり

第4章　市民マラソンは社会を変えたか ————————— 近藤 真司　49

はじめに（49）　1. スポーツのイメージ（50）　2. スポーツ・インテグリティが問題になった2018年（51）　3. 生涯スポーツ誕生の背景と市民マラソン（52）　4. 皇居周辺・公園・河川敷は市民スポーツの場（53）　5. 「記録」にこだわる市民ランナーたち（54）　6. 世界の市民マラソンを見てみよう（55）　7. 『ランナーズ』から市民マラソンを見る（57）　8. 女性ランナーが市民マラソンを変え、社会を変えた（58）　9. 市民マラソンの変遷（61）　10. 市民マラソンの意義とは—社会の何を変えたのか（62）

第5章　日本の内なる国際化
——その現状と地域における対応 ————————— 谷岡 慎一　64

はじめに（64）　1. 日本の内なる国際化（65）　2. 最近の動向と問題（66）　3. 内なる国際化と地方自治体（68）　4. 地域における対応（69）　5. 日本語教室からはじまった地域の人たちの活動（71）　6. NPO法人にほんご豊岡あいうえおの多様な活動（72）　7. 大きなネットワークがもつ力（73）　おわりに（74）

第6章　NPOの実績を結集した寄り添い型の生活困窮者支援
——複合的な課題を抱える人たちを包摂できる社会へ ——— 川崎 あや　77

はじめに（77）　1. パーソナル・サポート・サービスモデル事業—さまざまな課題を抱える人への包括的支援（77）　2. 横浜では多くのNPOが連携（79）　3. 生活・しごと∞わかもの相談室（79）　4. 安定していたはずの仕事を失って—困窮の背景（81）　5. 個人史の聞き取り—寿支援者交流会の活動（82）　6. パーソナル・サポート・サービスモデル事業の打ち切り（83）　7. 生活困窮者自立支援法制定へ（84）　8. 生活困窮者自立支援制度の開始と官民連携の支援の実現に向けて（86）　9. ネットワークの広がり（87）　10. 生きるための包括的支援へ（88）

第7章　子どもを守る地域をつくる ————————— 和田 佐英子　90

はじめに（90）　1. 活動の発端となった事件（91）　2. 保護者は

目　次　xi

立ち上がる―大沢ひまわりパトロール隊（92）　　3.　加熱する報道
（93）　　4.　ボランティア組織「大沢ひまわりパトロール隊」の誕生
（95）　　5.　ボランティア団体結成のメリット（96）　　6.　大沢ひま
わりパトロール隊―子どもを絶対 1 人にしない―に対する評価（98）
7.　公助の出番（99）　　8.　悲しみを乗り越えて―「協働」の力（99）

コラム②　特定非営利活動促進法（NPO 法）と子ども劇場の活動（101）
コラム③　NPO 法人石巻復興支援ネットワークやっぺす（106）
コラム④　過疎の村の地域おこし（109）

第 3 部　平　和

第**8**章　平和はうまく教えられているか？
　　――「恵泉の平和学」から「平和の基礎教育」を考える ―― 上村 英明　115

1.　平和教育はこれでいいのだろうか？（115）　　2.　平和教育を取り
巻く環境の変化―5 つのポイント（116）　　3.　難しくなった戦争体験
を前提とした平和教育（117）　　4.　保守化が平和教育の後退をうなが
す（119）　　5.　重要な意味をもつ教師たちの実践と政府による平和教
育への敵対（120）　　6.「従来型平和教育」の限界―平和は胡散臭
い？（121）　　7.「従来型平和教育」の無意識の惰性（122）　　8.　新
しい平和教育は「平和のエリート教育」でいいのか？（124）　　9.
「平和教育」の構造を転換できるか―「恵泉の平和学」の内容と目的
（127）　　おわりに（129）

第**9**章　フィリピンの戦場で何があったのか？
　　――戦争認識が形成されるということ ―――――――― 神子島 健　132

1.　神直子、フィリピンとの出会い（132）　　2.　フィリピンでの戦争
で何があったか？（133）　　3.　戦争を語るということ（134）　　4
敗戦直後から占領期にフィリピンでの戦争はどう語られたか（135）
5.　考えておかなければならない日比賠償（137）　　6.　ベトナム戦争
以降―戦争体験の語りの変容（138）　　7.　90 年代の動き―①元兵士の
証言（139）　　8.　90 年代の動き―②被害当事者の日本での証言（140）
9.　これからどうするのか―BFP の活動から（141）

第10章　平和学から見たレイシズム ——————————— 暉峻 僚三　145

はじめに―平和学について（145）　３つの暴力の概念１―直接的暴力
（146）　３つの暴力の概念２―構造的暴力（146）　３つの暴力の概念
３―文化的暴力（147）　パッケージとしての暴力（148）　文化的暴
力とレイシズム（148）　レイシズムの誤解（149）　狭い意味でのレ
イシズムを支えている考え方（150）　レイシズムの対象―人の属性
（151）　２種類の属性（152）　自分の意思で容易に、または比較的容
易に変えることができる属性（152）　自分の意思では変えられないか、
変えることが困難な属性（152）　属性の交差（153）　レイシズムの
定義（154）　レイシズムの行き着く先―ジェノサイド（156）　わた
したち社会のレイシズム（157）　レイシズムを克服するには（164）

あとがき　169

第1部

ジェンダー

第1章 父親の子育てが当たり前になるまで

広岡　守穂

1. かつては父親が子どもの面倒を見ないのは当たり前だった

　わたしの若いころ、つまり1970年代は、母親が子どもの面倒を見るのは当たり前だった。それは今も同じだから、父親が子どもの面倒を見ないのは当たり前だったと言い換えよう。母親が子どもの面倒を見なかったらきびしく批判されるが、父親が子どもの面倒を見なくても世間の指弾を浴びることはなかった。母親が子どもをかわいがるのは当たり前、子どもが可愛くない母親は母性がない。母親としての資格がないと言われた。

　2008年9月18日、福岡市で起こった小1男児殺害事件は衝撃的だった。犯人が母親だったからだ。22日夕刊で新聞各紙は母親が逮捕されたことを報じた。『毎日新聞』は「子育てに悩み、トイレで首絞め遺棄　母を逮捕」との見出しをうった（西部夕刊）。記事を読んだ人の多くは、子どもを殺すなんて何という母親だと感じる。ところが、どんな父親なんだろうとは考えない。母親が子殺しに追い込まれていくのを、いっしょに生活している父親はどんな気持ちで見ていたのだろうか。そもそも気がつかなかったのだろうか。

　『毎日新聞』は1週間後、事件の詳細を伝えた。母親が難病に苦しんでいたこと、子どもに発達障害があったこと、母親は子育てに悩んでいたこと、自分の病状が悪化していたが家族に気兼ねして入院できなかったこと、そして多量の睡眠薬を飲んで自殺しようとして死にきれなかったこと、などを報じた。さらに時間がたつと週刊誌が家族の様子などもっと突っ込んだ記事を書くのだが、事件から1週間の時点では母親が孤立していたのではないかと想像されるだけである。

4　第1部　ジェンダー

このような悲劇的な事件で、父親の子育ての詳細な報道を期待するのは行き過ぎだろうが、持病に苦しむ母親が発達障害の子どもの子育てに苦しんでいた様子は、だれよりも夫がよくわかっていたはずだ。なんとかできなかったのかと思ってしまう。

2.　自分はどうだったか？

はじめの子どもが生まれたとき、わたしは22歳だった。まだ大学生だった。わたしは妻の様子を見ていて本当にたいへんだなと思った。とくにたいへんだと思ったのは夜泣きと授乳で、それに1歳を過ぎると病気の世話がたいへんだと思った。そう思ってはいたのだが、では自分がしなければならないかというと、しなければならないことがあるとは思わなかった。母親はたいへんだなと思うばかりだった。女だからできるのだ、男の自分にはとてもとても、という考えだった。

あとでわかるのだが、夫婦の間には、いたるところでずれがあった。夜泣き、病気、留守番、家事、外出、祖父母とのつきあいなどなど。最初の赤ん坊が生まれたころのわたしはどうだったかといえば、次のような具合だった。おしめを取り替えてほしいと言われれば、はいはいといって取り替えた。赤ん坊を寝かしつけたいから、お皿を洗っておいてほしいと言われれば、ハイハイといって洗った。おしめのウンチをトイレに流してほしいと言われれば、ハイハイ……。言われれば一通りのことはした。いやだなあと思うこともあったが、だいたいは拒否しなかった。とはいえ、アルバイトとか友だちづきあいとか学業とかを理由に拒否することもあった。友だちと約束したから早く帰れないといったようにである。

妻は授乳しているときは、とてもお腹がすくとか、少しでも眠りたいとかと訴えていた。わたしはふーん、そういうものか、と思う程度だった。自分はお腹がすきもしないし眠りたいとも思わないから、母親はたいへんだなと思うだけだった。そういうずれが深刻な問題だとさえ思わなかった。

今から思うと、わたしはちゃんとした大人になっていなかった。

ちゃんとした大人になっていなかったというのは、大人として当然知っておくべきことを知らなかったという意味である。生後半年くらいまでは2、3時

間おきに夜泣きすること、赤ちゃんは何でも口に入れる時期があること、子育てはものすごくたいへんだということ、子育てに専念する負担は仕事に専念する負担よりずっと重いこと、夫婦が協力していかなければならないこと……、そういうことを何ひとつ知らなかった。誰ひとり教えてくれなかったし、学校でも学ばなかった。だから妻の気持ちは言われなければわからなかった。実際に、妻が口にしてはじめて少しずつわかったのだったし、わたしの振る舞いも言われることで少しずつ変わったのだった。

　これはわたしだけのことではない。誰もが似たりよったりだった。多くの人が母親でなければ子育ては難しいと考えていたし、母親自身がちゃんと子育てできなければ恥ずかしいと考えていた。母親が子育てに責任をもつのだという漠然とした意識があるから、子殺しの事件が起きても、父親は何をしていたのかと、すぐには考えないのである。

3.　100 年前の保育所のこと

　何百年も何千年も前から子育てはたいへんだった。それは容易に想像できることである。だから小さな子どもを預かって世話することは昔からあった。

　保育所は 1947 年に制定された児童福祉法に規定されたが、もちろんそれ以前にも保育事業は存在していた。明治以後では、1890 年に新潟で赤沢鐘美夫妻が「新潟静修学校」を開き、そこに通ってくる生徒がつれてくる小さな弟や妹を世話したのがはじめだとも、1900 年に野口幽香と森島美根が東京四谷に二葉幼稚園（のちに二葉保育園）を開いたのがはじめだとも言われるが、そもそも明治初期から農村では子守学校が広がっていて、それもいってみれば託児所だった。江戸時代にも託児にあたる相互扶助活動はあったに違いない。

　二葉幼稚園は貧しい家庭の子どもたちの保育を目指して設立された。野口幽香は東京女子高等師範学校の第 1 期生で、卒業後同校の附属幼稚園の保母になった。彼女はキリスト教徒で、麹町に貧しい家庭の子どもを集めて森島美根とともに二葉幼稚園を設立した。

　上笙一郎・山崎朋子［1980］には 2 人が貧しい家庭の子どもたちを無料で保育する事業をはじめたころの様子が伝えられている。大半の子どもたちの着物はぼろぼろで垢じみており、ノミやシラミがたかっていた。朝、顔を洗う習慣

6 第1部 ジェンダー

はなく、子どもたちの目は脂でいっぱいで、青っ洟を垂らし、手足はしもやけ、あかぎれ、爪も伸びて真っ黒だった。写真を撮って子どもたちに見せたら、よその子のことはわかるのに自分がどこにいるかわからない。家に鏡というものがないのだ。イソップのウサギとカメの物語を話して聞かせたら、半分以上の子どもはうさぎがわからなかった。

以上は二葉幼稚園を訪れた巌谷小波が雑誌『少年世界』（1900年3月15日号）に書いた訪問記に見えるということである。

1908年、二葉幼稚園のスタッフに新たに20歳の徳永恕が加わった。この徳永恕こそ、のちに二葉保育園を背負って立つことになる女性であった。やがて二葉幼稚園は二葉保育園と改名し、新宿分園を設立する。そして夜間診療部を設け廉売部を設け、五銭食堂を設ける。さらには日本初の母子寮をつくる。いずれも徳永恕のリーダーシップによるものだった。

さて福祉の発達は戦争と深い関係がある。これは医療や看護も同じである。戦争に動員される将兵が増え、戦死者や戦傷者が増えると、必然的に医療看護や福祉のニーズは高まるのである。日露戦争後、軍人遺族のための保育施設が全国でできた。そして1930年代後半以後、託児所は飛躍的に増えたのだった。

児童福祉法以前は保育所ではなく託児所と言われるのが一般的だったが、同じように「保母」も児童福祉法で使われた言葉だった。1977年に男子にも準用することとされ、男性は保父と呼ばれた。1999年から法律上の名称が保育士に変わった。これは男女共同参画社会基本法が制定されたために、女性だけの仕事という印象をあたえる名称をやめることになったためであった。ながい間、保育は女性の仕事とされてきたわけである。認識は変わったが、実態は今でもそれほど変わっていない。男性の保育士もいるが、保育士の圧倒的多数は女性である。

4. 共働き夫婦の声

保育所の設置を求める活動は子育て中の共働き夫婦から起こった。それと同じように父親も育児に関わらなければならないということは、子育て中の共働き夫婦にとって切実な問題だった。

藤田健次さんの『看護婦のオヤジがんばる』（あゆみ出版）が出たのは1977

年のことだった。著者の藤田健次さんは公務員で、妻は日赤病院の産婦人科病棟に勤める看護師だった。1966 年に第一子を出産。いったん退院したが新生児黄疸のため病院に逆戻り。藤田さんは病院に寝泊まりして職場に通った。8 週間の産後休暇はあっという間に終わった。今でも看護師の仕事はきついと言われている。50 年近く前のことである。当時は何と夜勤が月 10 日以上だった。

『看護婦のオヤジがんばる』には、2 人がどんなにたいへんな思いをして仕事と子育てを両立したかが書かれている。あるとき藤田さんの妻は過労のため銭湯で倒れた。3 歳と 1 歳の子をつれて入浴中に浴場で眠ってしまったのだ。藤田さんは男湯、妻は 2 人の子どもといっしょに女湯に入っていたが、突然女湯からただならぬ悲鳴が聞こえてきた。呼ばれて行くと、顔面蒼白になった妻は脱衣所に寝かされていた。子どもは恐怖のあまり泣くこともできず、「おかあさん、ねむってしまった」とだけ言って藤田さんの胸にしがみついた。救急車で運ばれるとき、妻は「子どもをたのむ」と遺言を言った。藤田さんも本当にこれで、妻は死ぬと覚悟した。さいわい一命をとりとめた妻は、まもなくして職場に復帰した。

1974 年、藤田さんは『朝日新聞』に苦境を訴える投書をした。それが「看護婦の夫よ、立ち上がろう」というタイトルで掲載されると、励ましの電話や手紙が大量に送られてきた。そして藤田さんの呼びかけで「看護婦のオヤジの会」ができた。会は看護師の労働条件の改善のために闘った。やがて深夜勤務のときの「車送り」の予算がつくことになるなど、少しずつ労働条件は良くなっていった。『看護婦のオヤジがんばる』はそうやって会の活動が少しずつ成果を上げてきたころに本になった。1980 年には映画化された。監督は神山征二郎、藤田さんの役は前田吟が演じた。

社会の変化は、まずもっともたいへんな目にあっている人たちが声を上げるところからはじまる。現状を少しでも改善する制度の要求として声があがるのだ。同じころに結成された育時連（男も女も育児時間を！連絡会）も父親にも育児時間をという要求の声を上げた。

育時連は 1980 年に発足した。生みの親となったますきよしさんも共働きで、普段から子育てのたいへんさを身近に感じていた。そして自分も子育てにきちんと関わらなければと考えていた。育時連は、パンフレットを配ったり定

8　第1部　ジェンダー

期的に集会を開いたりして活動を広げていった。

　1992年4月に育児休業法が施行された。これにより子どもが満1歳になるまで父親も母親も休業できるようになった。しかし、実際には男性が育児休業を取ることはほとんどなかった。上司の理解も同僚の理解も得られなかった。それに同年齢であればほとんどの場合、女性より男性の方が給料がいいこともある。育児休業法施行に先立って、育時連はシンポ「男も取れる育児休業！？えっそんなこと言ったって」を開催した。

　育時連のメンバーである松田正樹さんにお話をうかがった。長男が誕生したのは、育児休業法が施行された1992年だった。薬剤師であった妻が翌年4月まで育休を取った。松田さんも当然に育休を取ろうとしたら「そんなに仕事が暇なのか」と上司から拒否された。松田さんは泣く泣く賃金カットして1時間半の短縮勤務が認められた。1995年、育時連のシンポジウムに参加し、育児時間を求めて闘ったという田尻研治さんの話を聞いて勇気をもらった。何より自分と同じ境遇で闘った先人がいることを嬉しく思った。そして育時連に入会した。育時連には自分と同じように育児に悩む男性が多くいた。1997年、松田さんは会社から短縮勤務を打ち切られた。そこで退社を決意。退社後しばらくは専業主夫として子どもの送り迎えや家事をこなし、パン工場のパートなどを経て現在は小学校で理科の実験助手として働いている。育時連にはときどき女性が相談にやってくると松田さんは語った。「夫が育児に協力してくれない」「DVが原因で離婚し男性不信になった」といった声を聞く。

　今でも育児休業取得率は女性が80％超なのに対し男性はたった5％である。依然としてごく少ない。しかし男性の育児に対する認識は高まっている。以前とは大違いである。

5.　わたしが『男だって子育て』を書いたころ

　『看護婦のオヤジがんばる』には藤田さんが夫として家事育児に奮闘した様子がえがかれている。公務員であり画家でもある藤田さんはたくさんの「生活マンガ」を書いた。その一部が本に転載されている。ユーモアいっぱいのマンガである。このことについて藤田さんは書いている。ちょっと長くなるが紹介しておきたい。「私たちの妻は、月の勤務のうち半分は夜、家にいない。夫た

ちは、大きな手で針仕事をし、茶わんを洗い、オシメを干す。もちろん妻のブラジャーだって洗濯する。子どもをオンブしながら明日の勤務に備えてヒゲをそる。それは辛いことではあるが、ユーモアでもある。本当は当たり前のことなのだが、家事は女性がするもの、という認識の強い現状では、そんな光景はやはりおもしろく、珍しく、ほほえみを誘う。本当は苦しい。しかしその苦しみの中に笑いを見つけて生きてゆく。笑いがなければ『会』なんてやってゆけない」[p.92]。

　この文章にそこはかとなく漂っているのは、子育ては本来女の仕事だが、男も女の領域に踏み込んでいかなければならないときがある、というトーンだ。「大きな手で」針仕事をし茶わんを洗い、（男なのに）ブラジャーを洗濯するという書き方には、これらはみんな女の仕事なのにといった響きがある。もちろん藤田さんが言いたいのは、その次の言葉である。「本当は（男がしたって）当たり前のことなのだが……」。とはいえ、とまたひっくり返すようだが、藤田さんの本は男も家事育児をするべきだと強く呼びかけているわけではない。看護師の労働条件という、もっともっと切実な問題について叫びを上げているのだ。

　さて、わたしは 1990 年、岩波新書に『男だって子育て』を書いた。本を書いているとき、わたしは父親の育児参加を呼びかける本を書いているのだとは意識していなかった。子どもの成長の観察記録だと思っていた。実際、子どもがいつどのようにして言葉を獲得していくかといったことについてはよく観察できていると自負している。しかし本の読まれ方はわたしが想像していたのとはまったく違っていた。父親の子育て参加を呼びかける本と受けとめられたのである。わたしは元祖イクメンのように言われるようになった。

　実際、本が話題になっていろいろなところに講演に呼ばれるようになると、わたしは自分がけっこう子育てに関わったのだと思うようになった。オシメの取り替え、病気の子どもを医者に連れて行く、食器洗い、洗濯、炊事、学校の父母面談、PTA 活動などなど。

　わたしたちの場合、子育て中、妻は専業主婦だった。わたしは妻の窮地を見るに見かねて本を書いたわけではない。ゆとりがあろうがなかろうが、父親も子育てするべきだ。子育てしなければ母親は煮詰まってしまうし、父親もよろ

10　第1部　ジェンダー

こびを経験するせっかくの機会をみすみす逃してしまうことになる。ということを耳を澄ませなければ聞こえないくらいの小さな声でささやいた程度に過ぎない。

　しかし、わたしは藤田さんのバトンを受け取ったのだと思っている。90年代に一度だけ藤田さんに会ったことがあるが、わたしは藤田さんは自分の先を歩いてきた人だと思った。藤田さんに対して共感と尊敬の念を抱いたものである。苦しんでいる当事者がやむにやまれぬ声を上げると、今度はそういう苦しみとは縁のない者がまったく違う角度からささやく。こうした声がいろいろなところから上がるのを経て、男の子育てについての社会的な共通認識が少しずつ変化していったのである。

6. 「3歳児神話」と闘う

　1990年前後は子育てに関するジェンダーを変革した重要な時期だった。その変革を促した重要な仕事の1つが大日向雅美（現・恵泉女学園大学学長）の『母性の研究―その形成と変容の過程：伝統的母性観への反証』（川島書店）だった。この本が出たのは1988年のことであった。

　『母性の研究―その形成と変容の過程：伝統的母性観への反証』は、子どもには愛着の対象が必要である、しかしだからといって母親を子育てに縛りつけてはならないと論じた。「母親も一人の人間として自らの生を支え、幼い生命の存続を保証するために、就業し、かつそのなかで自己実現への欲求を充足しようとする姿勢を有することの意義と必要性を筆者は積極的に評価したいと考える」[pp.251-252]。間接的にであるが、この本で大日向教授は子育ては3歳まではお母さんでなければという考え方（いわゆる「3歳児神話」）を批判したわけである。ということはすなわち、父親の子育て参加が必要だということである。「社会参加による母性の充実をもとめるためにも、育児が男性および社会の分担に支持される可能性が、さらに積極的に検討されるべきではないかと考える」[p.252]。

　今読むと控えめな表現だが、ここで主張されているのは、母親の自己実現を支えるために父親は子育てを分担しなければならないということである。この主張は『男だって子育て』を書いていたころのわたしの実感とぴったり重なる。

学生結婚して大学を中退し長い間子育てに専念していた妻は、ちょうど1990年に仕事をはじめた。フリーの仕事だった。子育てから自分育て（自己実現）へ、妻は人生のコースの舵を切った。こうして一歩踏み出した妻は、編集の仕事をし、趣味の教室を開き、同人雑誌をつくり、本を書き、そして1999年に石川県議会議員になる。

7.　子育てサークルをはじめた人たち

　さて、わたしは子育てサークルが全国に広まっていった1980年代後半の時期が、非常に重要な時期だったと考えている。

　子育てには目に見えない流行り廃りがある。お母さんたちが子育てを助け合う活動も本当は急に増えて急に減るといったものではないのだろうが、そういう活動が子育てサークルと呼ばれてマスコミや行政に注目されたのが1980年代後半ごろだった。そのころ子育てサークルは子育て情報誌をつくったり、お母さんの居場所をつくったり、まちづくりの提言をしたり、多様な活動をおこなっていた。子育て情報誌をつくっていたグループからは福岡市の『子づれDE CHA·CHA·CHA』のように大きな出版事業に発展したものもあったし、母親の居場所づくりをきっかけにして横浜市の「びーのびーの」のように大きく発展した団体もあった。子育てサークルはたんなる支え合いの集まりとしてではなく、子育ての問題を解決するための重要な社会資源として注目されたのである。大垣市の「くすくす」のように、つどいの広場の管理運営を子育てサークルが委されるといった動きはたちまち全国に広がっていった。

　『子づれDE CHA·CHA·CHA』を発行している株式会社フラウは1993年に設立された。菊名西口商店街でおやこの広場をはじめたNPO法人びーのびーのは2000年に設立された。ほかに新座子育てネットワークは1999年（2003年にNPO法人）に生まれた。

　NPO法人シーズネットワーク（岡本光子代表）は2000年に生まれた。活動の拠点は東京多摩地区である。当初は任意団体で自分らしい働き方の実現を目指して、親子参加型のイベントや交流活動を開催した。6年後にNPO法人の法人格を取った。いまはまちづくりのためのアンテナショップを運営するなど多彩な活動を展開している。岡本さんは子どもが生まれてしばらくは仕事をして

いたが、辞めて子育てに専念した。この時期自治体の講座を受講するなどして仲間ができた。仲間ができたことが活動をはじめる大きなきっかけになった。

岡本さんたちに最近の子育て事情について聞いた。育児休業は取りやすくなっている。しかし、体力的に仕事と子育ての両立ができるかどうかとなると別問題である。今でも育休を取る以前に仕事を辞めてしまう人が少なくない。たしかに育児休業を取得する人は増えたが、最初の子どもを産んで仕事を辞める人の数は30年前と比べてもそれほど減っているとは言えない。

子育てセンターにやってくる人たちを見ていると、母親は友だちづくりを目的の1つとして来ている。一方父親はどうかというと、子どもと自分だけで遊んでいるという。友だちがほしくて公的施設にやってくる母親たち。その姿は20年ほど前に子育てをしていた岡本さんの姿にだぶる。ネットワークをつくって、サークルをつくる。それが活動と力の源泉になるのだ。

国のつどいの広場事業は2002年度からはじまった。ちなみにファミリーサポートセンターはその8年前、1994年にはじまっている。2014年におこなわれた一般財団法人・女性労働協会の調査によれば、安心子ども基金を受けているファミリーサポートセンターの数は703カ所になっている。

子育てサークルのような小さな集まりであっても、仲間内の共助の活動をしている団体としてとらえるのではなく、広くサービスを提供する能力のある団体としてとらえる。子育て中の母親をただサービスを受ける人としてとらえるのではなく、サービスを提供することのできる人としてとらえる。そういう変化が起こったのは1990年代だった。

これは目立たないがきわめて重要な変化だった。1997年、介護保険法が制定された。介護保険法は2000年に施行されるが、そのシステムを構築するために自治体は大きな力を注いだ。懸念されたことの1つがマンパワー不足だったが、それを解消するためにもボランティア団体などが担い手として期待されたものだった。そして1998年には特定非営利活動促進法（NPO法）ができる。従来、事業活動を担う能力を疑問視されてきた活動のうえに大きな期待が集まったのである。今から見ると20世紀の最後の10年間、つまり1990年代は社会の骨格を変えるための、目立たないが大きな変革が進行していた時代だった。

そういう大きな変化の先駆けをなしたものの 1 つが、間違いなく子育てサークルだった。

8. ファザーリング・ジャパン

父親の子育てについて活動した団体に 80 年代の育時連と 2000 年代のファザーリング・ジャパンがある。両方とも社会を変えるのに力を発揮した団体であるが、両者を比べると前者はアドボカティブ活動、つまり意見表明を中心に活動した団体であり、後者は事業活動を中心に活動している団体である。時代の変化につれて、活動の舞台が変わってきているのである。

結局、まず最初は困っている人が声を上げる。次に余裕をもって楽しんでいる人が声を上げる。これは、まず制度要求の声が上がって、そのあとに恵まれた人が考え方を変えようと呼びかける、というふうに考えていいだろう。これを活動面で見ると育時連のような団体からファザーリング・ジャパンのような団体へという流れになる。

そうして政府も男性の子育て参加を呼びかけるキャンペーンをする。こういうふうにして人びとの考えは変わっていくのである。

9. 厚生省のポスター「育児をしない男を父とは呼ばない」

1990 年に『男だって子育て』を書いてから、あちこちに講演に呼ばれるようになった。印象に残っているのは講演を聴きに来た男性たちの反応である。はじめの数年、男性の反応はおもしろかった。耳が痛かったなどといって「本当に先生の言うとおりだと思った」と感想を述べる中年男性。ところがそう言ったその舌の根も乾かぬうちに「やっぱり母親が子育てをしなければと痛感しました」。最初と最後では話が違うのだ。しかし当の本人は矛盾に気がついていない。ご本人の頭の中では最初のことばと最後のことばは矛盾していないのだろう。そんな発言が少なくなかった。これでは何を感じたのかわからない。

しかし 2000 年代になるとそういう発言は聞かなくなった。そして「わたしもちゃんとしてきました」といった発言が多くなった。実態はともかく、男性も家事育児をしなければならない、男性も家事育児をするのが当然なのだという認識が定着してきたのである。

14　第1部　ジェンダー

「育児をしない男を父とは呼ばない」と呼びかける厚生省（現・厚生労働省）のポスターが話題になったのは1999年のことだった。

「夫は外で働き、妻は家庭を守るべきである」といった考え方に反対か賛成かという質問は、男女共同参画関係の世論調査でずっと以前から使われている重要な質問であるが、2014年の内閣府の調査では「反対」が49.4％、「賛成」が44.6％となっている。長い間「賛成」が多数派だったが、「反対」と「賛成」がほぼ同数になったのは2000年ごろのことだった。このように見ると、2000年ごろに男性が家事育児をすることに対して、多数派が入れ替わったと考えられる。話題の厚生省ポスターが1999年に出たということは、あたかも多数派交代を象徴しているかのように見える。

10.　男性の育児時間は？　男性の育児休業取得率は？

さて今現実はどう変わったのか？　父親の育児については相当に考え方が変わった。これは間違いない。父親の子育てについての社会的構築が成功裡に進んだといっていい。働く父親が労働条件の問題として声を上げ、父親の子育てをえがいた本が評判になり、官庁がキャンペーンを行い、事業活動を行う団体が登場した。今では子育てしない父親を批判する声は聞こえても、父親が子育てすることを非難する声は聞かれなくなったのである。

しかし実態はどのくらい変わったのだろうか。

2016（平成28）年社会生活基本調査（総務省統計局）によれば、6歳未満の夫婦と子どものいる世帯で、夫の家事育児時間は83分、育児のみの時間は49分である。少しずつ増える傾向にあるとはいうものの、育児時間は1時間にも満たない。これに対して妻の家事育児時間は454分、育児のみの時間は225分である。夫の5倍以上の時間をあてている。

育児休業取得率はどうかというと、厚生労働省によれば、2017年度の男性の育児休業取得率は5.14％だった。1996年度以来最高で、こちらも少しずつ増えている。ちなみに女性の取得率は83.2％だった。

日暮れて道遠しと言えば悲観的に過ぎるだろう。だが数字が物語っている。まだまだ課題は大きいのだ。

参考文献

『毎日新聞』2008 年 9 月 18 日付け（西部夕刊）

上笙一郎・山崎朋子 1980 年『光ほのかなれども——二葉保育園と徳永恕』朝日新聞社.

貝出寿美子 1974 年『野口幽香の生涯』キリスト新聞社.

藤田健次 1977 年『看護婦のオヤジがんばる——共働き親子奮戦記』あゆみ出版.

大日向雅美 1988 年『母性の研究—その形成と変容の過程：伝統的母性観への反証』川島書店.

広岡守穂 1990 年『男だって子育て』岩波新書.

第2章 ジェンダー
—— 「ドメスティック・バイオレンス」

山本　千晶

はじめに

　日本において「ドメスティック・バイオレンス（DV）」という言葉が使われるようになったのはいつごろからだろうか。たとえば、新聞報道にこの単語がいつから、どのような文脈で取り上げられるようになるかを調査した宮園久栄［2001］によれば、それは1990年代に入ってからのことである。とはいえ、当初は「夫婦げんか」という従来の枠組みの中でしか語られることがなく、現在のような社会問題としての認識をもって報道や特集がなされるようになるのは1998年を待たなければならない（宮園［2001, p.190]）。もちろん、現在私たちが「DV」と呼んでいる事象がそれまでなかったということではまったくないし、少なくとも「夫の暴力」を問題化し、女性のためのシェルターの必要性を主張する運動は1970年代にすでに日本に存在していた（ゆのまえ［2001]）。

　DVに関して言えば、まず女性たちの経験があった。それが「夫の暴力」、その後「ドメスティック・バイオレンス」という言葉と概念によって「事例」として蓄積され、「暴力」という社会問題の1つの項目を形成するようになる。そしてようやくDVに対応することが国の責務であることが明示的に理解されるにいたる。この間の長い時間と女性たちの闘いのうえに、現在のDV防止法があることを、わたしたちは理解しなければならない。

　この章では、DVという言葉と概念が形成され社会問題化したこと、そしてDV防止法という目に見える形となって責任の所在が示されたことで、女性1人ひとりの経験が社会を変えるにいたるまでの流れをまとめてみたい。

1. 女性たちの経験

　試しに、『朝日新聞』のデータベースで「夫の暴力」という言葉を検索すると、1960 年 11 月 13 日付の記事に「がまん出来ない『夫の暴力』」という読者からの悩み相談が寄せられている。「夫は結婚後から暴力を振るい、たたいたり足げにしたりしますので、あざや、生傷のたえ間がないくらいです……子供との心中を考えたり、一度は自殺を図ったこともあるくらいですが、実家からいったん嫁した以上たえ忍ばなければならないといわれ、子供たちのことを考え今日まできました」と綴られている。同じような経験をしている女性は、当時（そして現在でさえも）多くいただろう（原田・柴田編 [2003]）。この投書とちょうど同じころ、わたしの伯母が亡くなった。わたしの母によれば、伯母は「嫁いだ先でさんざんいじめられた」のだそうだ。帰って来たいと何度か実家に頼んだが、両親はそれを許さなかった。伯母は臨月で里帰りした日の夜に、自ら命を絶った。

　わたしはこの事実を大人になってはじめて母から聞いた。母を含め家族は伯母の死について何も話さなかった、たとえ家族の間でさえも話題にすることはなかった。あるとき、母がわたしにポツリと言ったことがある。母は、自分が結婚するときに祖母から「いつでも帰ってきていいからね」と言われたとき、とても安心したのを覚えている、と。祖母には、伯母が帰ってきたいと頼んだときに追い返してしまった後悔がずっと胸にあったのだろう、と。伯母は 1 人で闘い、その家族は伯母の死を自責の念とともに胸の奥深くにしまい続けて生きてきた。

　前述の記事に話を戻そう。彼女の勇気ある投書は、しかしながら、あくまで個人の "身の上相談" にとどまり、社会の関心を呼ぶことはなかった。その後、「夫の暴力」が怒りや問題関心とともに「新聞社側の意図的、主体的価値判断」を伴って報道されるのはようやく 1998 年に入ってからのことである（宮園 [2001, p.191]）。

　　いかなる出来事や現象を記事として取り上げるか、それを人々にどのように訴えストーリー化するかは、報道機関による解釈や判断の結果である。その意味で、新聞報道は、読者に対して、「記事」という形を通して、あ

18　第1部　ジェンダー

る出来事を「社会問題」化するという作用も果たすことになる。(宮園
[2001, p.187])

　宮園によると、1998年以降「夫の暴力」に関する単なる5W1H的な事件
報道という形式を取らず、実際に起こった事件と、DVに関する情報、データ、
さらには専門家によるコメントが結びつけられ、1つの記事として構成されて
いく。これによって、「DVは犯罪」「DVは社会問題」という認識が読者に形
成されていくのである。興味深いのは、DV被害者による被害届を警察が受理
しなかったという事実の報道でさえ、「警察の対応を批判しつつ『対応にばら
つきがあるゆえに、DVは犯罪化することが必要』との認識を形成していく一
つのエピソードとして利用される」という分析である（宮園 [2001, p.202]）。

2.　社会問題化することの困難

　内閣府「男女間における暴力に関する調査」(平成29〈2017〉年) を見てほし
い[1]。夫婦間で、たとえば次のような行為があった場合、それを暴力として認
識するかどうかを質問している。具体的に、「平手で打つ」「足でける」はどう
だろうか?　当然、暴力だと思う人が多いだろう。調査でも「平手で打つ」で
は7割以上、「足でける」は8割以上が「どんな場合でも暴力にあたる」と回
答している。しかし、ここで注目してほしいのは、「暴力にあたる場合も、そ
うでない場合もある」あるいは「暴力にあたるとは思わない」という回答をし
た人の割合である。「平手で打つ」では、女性で23.5%、男性で24.1%、「足
でける」では、女性および男性でそれぞれ11.2%が「暴力にあたる場合も、
そうでない場合もある」あるいは「暴力にあたるとは思わない」と回答してい
る。同様に、「嫌がっているのに性的な行為を強要する」では女性16.8%、男
性19.2%、「何を言っても長期間無視し続ける」では女性35.6%、男性
40.6%が「暴力にあたる場合も、そうでない場合もある」あるいは「暴力にあ
たるとは思わない」と回答しているのである。

　もしあなたが、見知らぬ他人から殴られたり蹴られたり、性的な行為を強要

---

　1)　内閣府男女共同参画局HPより「女性に対する暴力の根絶」→「施策・調査研究」サイトよ
り閲覧可能. http://www.gender.go.jp/policy/no_violence/e-vaw/chousa/index.html

されたらすぐに警察や周囲に助けを求めるだろう。もし学校で長期間無視し続けられたとしたら、それは「いじめ」という暴力だと認識するだろう。しかし、相手が恋人や夫婦であったら、「どんな場合でも暴力にあたる」と考える人の割合は見知らぬ人からのそれらの行為に比べて小さくなってしまうのである。このように、わたしたちはどのような行為が「暴力」に該当するかどうかを、加害者―被害者の関係性によってしばしば異なって考える傾向がある。重要なことは、見知らぬ関係では明らかに暴力である行為であっても、加害者―被害者の関係性が親密であればあるほど、「暴力」とは認識されないこともあるという事実である。

　実際に、「暴力にあたる場合も、そうでない場合もある」、「暴力にあたるとは思わない」と回答した人に理由を聞いたところ、「夫婦喧嘩の範囲だと思うから」（女性53.4％、男性54.1％）、「夫婦間ではよくあることだと思うから」（女性26.1％、男性32.5％）だと回答しており、夫婦であるという関係性が暴力を正当化していることがわかる。驚くことに、「夫婦間では許されると思うから」（女性12.6％、男性16.3％）、「愛情表現だと思うから」（女性7.9％、男性9.2％）という理由も少なくない。もしあなたがDVに悩み友達に相談したところ、「夫婦（恋人）だからよくあること」「彼もあなたが好きだからつい手が出るんじゃない？」と言われたらどうだろうか。内閣府の調査では「交際相手からの暴力の被害経験」も聞いており、その中で、「どこ（だれ）にも相談しなかった理由」を調査している。恋人からの暴力という深刻な問題を「相談するほどのことではない」と思い込まされてしまっている現状や「相談してもむだ」「自分さえがまんすれば、なんとかこのままやっていける」「自分にも悪いところがある」と自分に言い聞かせ、暴力に耐えるという現状が浮かび上がってくる。

　このように、現在においても夫婦（恋人）だから、あるいは愛があるからという理由で暴力が「暴力」として認識されない現状がある。このような認識を変えるには、長い時間と多大な労力を必要とするのである。

3.　個人的なことは政治的―社会問題化

「私事で恐縮ですが」という言葉を見かけることがあるだろう。この言葉は

20　第1部　ジェンダー

しばしば会社など公共の場において自分の個人的な事柄に言及するときに使われる。ここには、公共の場で個人的な事柄を話すのはあまりふさわしくない、さらに言えば、公共の問題に比べて"些末なこと"であって、だからこそ公共の場で私事を持ち出すのが「恐縮」だととらえられる傾向がある。一方で、「家庭の事情で○○します」と誰かに言われたことはあるだろうか。それに対して、「家庭の事情って具体的に何？」と聞く人はおそらくほとんどいないだろう。私たちには何となく"それ以上詳しい理由を聞いてはいけない"という暗黙の理解がある。

　このように、個人的な事柄や家族の問題は、公的な問題に比べて"些末なこと"という価値観が存在しており、さらには個人的な問題には第三者は立ち入るべきではないという排他的な性格づけがなされている。実は、現在「女性問題」や「ジェンダー問題」として提起されてきた問題の多くが、従来このような個人的な問題、家族の問題とされてきた事柄に関するものである。もちろんDVも「DV」として社会問題化する以前は、"家庭という私的場面における私事"であり"家庭の事情"だと考えられてきた。したがって、個人的な問題や家族の問題をどうやって公共の場で問題化し、なおかつ、それに社会がどう介入するかということは理論的にも大きな課題の1つである。ここではとくに「女性に対する暴力」という視点からその理論的展開をまとめておきたい。

4.　1992年「夫（恋人）からの暴力」全国調査

　日本でドメスティック・バイオレンスという言葉が新聞紙面に初めて登場したのは、1992年に「夫（恋人）からの暴力」調査研究会が実施したDV被害実態調査を紹介する記事である（宮園［2001，p.188］）。この調査は「夫（恋人）からの暴力」調査研究会がアンケート調査費用のカンパを全国に呼びかけて実施された、日本ではじめての全国的なDV被害実態調査である[2]。夫や恋人からの暴力というもっとも顕在化しにくい問題に対して、フェミニスト・アクション・リサーチという調査方法が用いられた。すなわち、「調査を実施すること自体やその結果が、人々の意識を動かし、運動や研究を進展させ、社会制度を

　2）　調査内容は「夫（恋人）からの暴力」調査研究会編 1998『ドメスティック・バイオレンス』
　　　として書籍化されている.

改善させ、それらの相乗作用によって社会変革を促していくような調査」である（「夫（恋人）からの暴力」調査研究会編［1998, pp.1-2］）。女性たちにとって、これまで"家の恥"として隠すべきだと思ってきた経験、あるいは"些末なこと"として無視されてきた悩みを、アンケートという形で公に明らかにしたはじめての経験だということになる。

　「女性がその経験を自分の言葉で語りはじめる」
　アンケートがそのきっかけとなり、社会的施策のあり方を問い直す原動力となることを願っています。
　（夫（恋人）からの暴力アンケート中の趣旨文より）
　（「夫（恋人）からの暴力」調査研究会編［1998, p.1］）

　この調査により、夫や恋人からの暴力の被害実態を明らかにするとともに、社会的に取り組むべき喫緊の問題であることを明確にしたのである。この調査を企画した1人である戒能民江は次のように述べている。「全国の女性たちから寄せられた『回答』は、おそらく周囲の目を盗んで書き込まれたと思われるのだが、1枚、1枚に圧倒的な迫力が感じられ、当事者が語る事実の重みと『被害者』が沈黙を破ることの意味を私に教えてくれた」（戒能［2016, p.5］）。この調査により、"些末な個人的問題"、"他人が立ち入るべきでない家族の問題"とされてきた事柄を、「暴力」という社会問題として提示することができた。それはまた、暴力の経験が"自分だけではなかった"という女性自身の気づきにもなったことだろう。
　1960年代以降、多くの女性たちをフェミニズム運動へと駆動させた書物の1つとして名高い[3]ベティ・フリーダン『*The Feminine Mystique*（女性らしさの神話)』に次のような一節がある。

　　彼女たちはためらいがちにそれについて話し始めた。その後、お昼寝のため子どもたちを小学校へ迎えに行った後、女性たちのうち2人が、自分

　3）　*The Feminine Mystique* は出版されて10年の間に全米で200万部読まれたという（『新しい女性の創造』訳者あとがきより).

22　第1部　ジェンダー

1人じゃなかったんだ、という安心感から泣いた[4]。(Friedan［1963,
pp.19-20］)

　1950年代から60年代のアメリカでは、法のもとでは平等になったにもかか
わらず、依然として女性差別はなくならず、女性は男性に対して従属的な生活
を強いられてきた。しかし、家事・育児が女の役割とされ、活動を家族の領域
に限定されていたことで、女性たちは自分の従属的で抑圧的な経験を自分だけ
が抱える悩みだと思い込み、他の（幸せそうに見える）女性たちに比べて自分が
おかしいのではないか、家事と育児に幸せを感じることができないのは女性と
して異常なのではないかという感覚に苦しんでいた。ベティ・フリーダンはそ
れを「名前のない問題」と名づけ、それが当時のアメリカ女性の多くに共通す
る悩みであることを明らかにしたのである。
　個人の問題、家族の問題として軽視され、あるいは深刻であっても第三者が
立ち入るべきではないと考えられてきた問題を社会問題化するためには、まず
当事者が声をあげることで、1人ひとりが「自分1人じゃなかったんだ」と気
づくことからはじまる。ゆのまえ［2001, pp.178-9］によると、前述のDV被害
全国調査は、実は1989年から1990年にかけて「働くことと性差別を考える三
多摩の会」が実施した「セクシュアル・ハラスメント1万人アンケート運動」
での調査方法に学んだものだという。セクシュアル・ハラスメントも、それま
で職場という公的場面における「私事」（不倫や恋愛関係等）と思われてきた。
しかし、実際は多くの女性たちに共通する経験であること、したがって、そこ
には女性に対する暴力という社会構造の問題が存在していることを、アンケー
トを通じて提示したのである。

5.　「個人の経験」から社会構造の問題へ

　暴力が多くの女性によって経験されていること、言い換えれば、暴力の被害
者が圧倒的に女性であるということは何を意味しているだろうか。たまたま暴
力的な、あるいは病的な男性と運悪くめぐり合ってしまった、という理解では
到底答えは導き出せない。さらに言えば、世界に目を転じてみても、民族、文

4）　日本語訳『新しい女性の創造』における該当箇所は17頁だが，この部分の訳出はない．

図2-1　パワーとコントロールの車輪

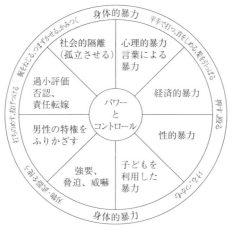

（出所）　ミネソタ州ドゥルース市のドメスティック・バイオレンス介入プロジェクト作成のものをもとに加筆修正。

化、階層を問わず世界中のあらゆる社会で女性たち・少女たちが親密な関係や家族関係の中で深刻な暴力の犠牲になっているのである。

　上の図は、DVの構造を理解するために1984年にアメリカ・ミネソタ州のドメスティック・バイオレンス介入プロジェクトが作成した「パワーとコントロールの車輪」の図を、日本の実状に合わせて「夫（恋人）からの暴力」調査研究会が修正したものである。

　　車輪の一番外側にあるのが、もっともみえやすく、認識しやすいと思われる身体的暴力である。身体的暴力に隠れてみえにくいが、車軸のように外輪を支えて回りやすくしているのが、心理的暴力や性的暴力、経済的暴力などの多様な暴力形態である。中心にあって車輪の動力となっているのが、「パワーとコントロール」だ。言い換えれば、男性の権力や社会的な地位、影響力、経済力や体力などの力と、男性優位の性差別的な社会のあり方が、ドメスティック・バイオレンスを生み出し続けている（戒能［2004，p.167］）。

24　第1部　ジェンダー

　女性は、職場での差別や賃金格差という男性優位の社会構造において、自発的にあるいは半ば強制的に家事と育児をより多く引き受け、経済的な力を男性に依存することになる。一見、合理的な役割分担に見えるかもしれない。しかし、家族の領域で子どもや親の世話を引き受ける側は、より脆弱な立場に立たされてしまう。DVはしばしば外出先や交友関係を制限したり、行動の監視を伴う[5]。そして、家庭の中だけに居場所を制限し、夫以外との関係性を遮断することで、経済的な暴力、子どもを利用した暴力によって容易に相手をコントロールすることが可能となる。被害者は、関係性が遮断され、社会的に孤立しているがゆえに助けを求めることもできない。もし運よく逃れたとしても、現代社会においては依然としてシングルマザーの多くが貧困層に陥っているという現状があるのだ。

　暴力の目的が殴る蹴るといった身体的暴力にあるのではなく、相手を支配・コントロールすることにあるのだとしたらどうだろうか？　一度殴られた女性は、それ以降、相手が殴るふりをするだけで委縮し、相手の言うことを聞くだろう。もはや殴るふりなどせず、にらみつけたり舌打ちをしただけでも相手を意のままにすることができるかもしれない。人前であってさえ、身体的暴力を振るわずに相手を支配・コントロールすることができるのである。

　　虐待する男性と長い間生活している女性は、彼らとなんとかやっていくためのいろいろな方法を学んでおり、そうした方法がかなり暴力のエスカレートを防いでいる。しかし、このなんとかやっていくという意味は、虐待が起こらないという意味ではなく、彼女たちが生き延びるためにしか役に立たない。（ウォーカー，レノア［1997，p.96］）

　夫からの暴力は第二波フェミニズムによって「ドメスティック・バイオレン

　5）　前述の内閣府の調査では、「家族や友人との関わりを持たせない」「交友関係や行先，電話，メールなどを細かく監視する」「職場に行くことを妨害したり，外出先を制限する」という項目も入っており，約3割から4割が「暴力にあたる場合も，そうでない場合もあると思う」あるいは「暴力にあたるとは思われない」と回答している．これらの項目を1つひとつ見れば，すぐさまこれが「暴力」にあたると思わない人もいるかもしれない．しかし，「パワーとコントロールの車輪」のように暴力はさまざまな形態の組み合わせであり，相手をコントロールするためのもっとも"効率的"な手段が状況や場面に応じて選ばれているのである．

ス」と名づけられた。女性があたかも自発的に選んだように見える私的な領域
での役割は、しかし、社会や職場での男女の不平等な力関係や女性への差別と
密接につながっている。そして一度私的領域に囲い込まれてしまえば、経済的
自立はもはや困難であり、そのようなドメスティックな領域において、男性の
暴力が女性を支配する有効な手段として機能しはじめる。それは、暴力を容認
する社会意識や、家族の領域への国家権力の不介入という制度によって維持さ
れ続けるのである（戒能［2002］，戒能［2004］）。

6.　DV 防止法の成立

　ドメスティック・バイオレンスが可視化されるに伴い、法律の制定へと関心
が向かうことになる。女性運動は、「従来の要求型・抗議型運動から脱して、
立法機関に立法を促し、対案を具体的に提示するという政策提案型の運動にシ
フトした」（戒能［2017，p.13］）。戒能は 2001 年に制定された DV 防止法を
「ジェンダー立法」すなわち「社会のジェンダー構造に起因する課題の解決を
目的とした、ジェンダー視点に立った法制度の構築」（戒能［2017，p.11］）と呼
んでいる。その最大の特徴は、「立法の担い手」と「立法過程」にある。DV
防止法の担い手として、女性運動、国家・行政、政党・政治家、女性投票者、
そして弁護士や法曹実務家、研究者といった多くの女性たちがそれぞれの分野
で専門性を発揮した。そして、立法過程において特徴的な点は、女性運動と女
性議員の連携である。まず女性運動によって問題が提起され、そこから送り出
された NGO/NPO 活動経験のある超党派の女性議員たちがリーダーシップを
発揮し、関係省庁や専門家，支援機関，当事者へのヒアリングを重ねた上で
DV 法案を取りまとめた（戒能［2017，pp.11-13］）。

　一方で、DV 防止法制定直後、すでに法改正に向けた運動が組織されたこと
は興味深い。改正運動の中心を担ったあるフェミニストは、その理由を、「成
立した法律が、使い勝手が悪かったから」と述べている[6]。DV 防止法附則に
は法制定 3 年後の見直しが規定されていたことで、すぐに次の法改正に向けた
動きが組織されることとなった。たしかに、DV 防止法はいろいろな妥協の末
に成立した法律であった[7]。戒能は DV 防止法の問題点を以下の 4 つに整理し

---

　6 ）　広岡ゼミの学生が聞き取りをおこなった記録より（2018.8.1）.

26　第1部　ジェンダー

ている。1つ目は、法律の対象となる関係性が事実婚を含む「配偶者」に限定され、元夫や（元）婚約者、（元）同棲相手、（元）恋人といったその他の親密な関係性を排除した点、次に、「暴力」概念が身体的な暴力を中心とするもので、DV の実態を反映していない点、3つ目は保護命令の申立要件が厳しく、実効性が乏しい点、そして、総合的な DV 対応システムの欠如である（戒能編［2001，p.48 以下］）。DV 防止法の詳しい内容や問題点については参考文献を参照してほしい。ここでは、DV 防止法によって「暴力」概念がどのように変わり、社会にどのような影響を与えたのか、そして女性運動の担い手たちが「当事者立法」と呼ぶ第一次改正について言及しておきたい[8]。

7.　DV 防止法における「暴力」概念

　2001 年に成立した DV 防止法の前文には、配偶者からの暴力が「犯罪となる行為」であること、被害者の多くが女性であること、そして「暴力」は身体的暴力だけでなく心身に有害な影響を及ぼす言動も対象となることが明記されている（とはいえ、「心身に有害な影響を及ぼす言動」はあくまで DV センターに相談できる「準被害者」の定義にとどまるものであるが）。歴史的に「暴力」と認識すらされてこなかった行為が「犯罪となる行為」として明示され、さらに被害者の多くが女性であることを「経済的自立」と結びつけながら暴力の構造的理解に踏み込んでいる。また、DV を防止し、被害者を保護する責務を有するのは国及び地方公共団体であるとされた（2条）。個人の問題として放置され、被害者が1人で抱え込むしかなかった暴力に対して、ようやくその防止と被害者の保護が国の責任であることが明確にされたのである。この点において、DV 防止法は「夫による暴力」が再定義されていくその出発点となったと言える。

　現在、暴力の構造的理解はより明確化されている。たとえば、政府によって策定される男女共同参画基本計画を見てみよう。男女共同参画基本計画は、1999 年 6 月に成立した男女共同参画社会基本法において政府によって策定が

7）　戒能［2002，pp.165〜］を参照のこと．また，民事制度である保護命令違反に対して刑事罰を科すという仕組みが最大の争点となり，この点に審議の多くが費やされたことについての詳細は，戒能編［2001，pp.14〜］を参照のこと．
8）　第一次改正にいたるまでの詳細は「DV 法を改正しよう全国ネットワーク」による『女性たちが変えた DV 法——国会が「当事者」に門を開いた 365 日』として書籍化されている．

義務づけられているもので、現在は第4次男女共同参画基本計画まで策定されている[9]。その重点目標の1つに、第1次から第4次にいたるまで「女性に対するあらゆる暴力の根絶」が掲げられ、とりわけ DV はその中心的な問題であり続けてきた。その第2次基本計画では、女性に対する暴力に対して次のような認識が示されている。

　　女性に対する暴力は、女性に恐怖と不安を与え、女性の活動を束縛し、自信を失わせることで女性を支配し、女性を男性に比べて更に従属的な状況に追い込むものである……女性に対する暴力は潜在化しがちであり、社会の理解も不十分で、個人的問題として矮小化されることもある。しかし、女性に対する暴力は多くの人々にかかわる社会的問題であるとともに、男女の固定的な役割分担、経済力の格差、上下関係など我が国の男女が置かれている状況等に根差した構造的問題として把握し、対処していくべきである。（下線は引用者）

　女性たちの経験に対する理論的蓄積によって明らかにされてきた暴力の構造がここに示されている。

8.　DV 防止法改正

　法律ができたこと自体は決してゴールではなかったが、それでも法律ができるということは、その後の改正を可能とし、一歩ずつ着実に前進させていくことができる大きな基盤となる。実際、第1次改正で特筆すべき点は、DV 被害当事者の「声」を反映した「当事者立法」となったことである。2003 年 5 月から 2004 年 2 月にかけて 7 回にわたっておこなわれた関係省庁による意見交換会では、DV 被害当事者自らが議員や官僚に対して自分たちに必要な支援を訴え、さらに毎回の意見交換会には 100 人前後が集まったという（DV 法を改正しようネットワーク編 [2006, pp.11-13]）。DV 防止法はこのようにして 3 度の改正を経ながら、より被害者の声を反映した法律へと近づいてきた。ここでは、

9）　基本計画は内閣府男女共同参画局 HP から閲覧することができる. http://www.gender.go.jp/about_danjo/basic_plans/index.html

28 第1部 ジェンダー

被害者の立場に立った改正のポイントを簡単に指摘しておきたい。

第1次改正では、①「配偶者」の定義の拡大（離婚後も引き続き暴力を受ける場合も含む）、②「配偶者からの暴力」の定義の拡大（身体に対する暴力に準ずる心身に有害な影響を及ぼす言動も含む）、③保護命令制度の拡充（元配偶者も命令対象とする、被害者と同居している未成年の子についても接近禁止命令の対象とする、退去命令を2週間から2カ月へ延長、再度の申し立てが可能）等があげられるだろう。

第2次改正では、①保護命令制度の拡充として、身体的暴力だけでなく、生命等に対する脅迫を受けた者も命令対象となったこと、電話等禁止命令の創設、接近禁止命令の保護対象に被害者の親族および被害者と社会生活において密接な関係を有する者を追加したこと等があげられる。そして、第3次改正では、（元）配偶者や事実婚夫婦だけでなく、生活の根拠をともにする交際をする関係にある相手からの暴力および被害者についても、法の適用対象となることになった。

前述の基本計画においては、第4次基本計画で新たに支援の地域格差が問題としてあげられており、具体的施策として、どの地域においても同質の支援が受けられる体制整備を促進することが明示されている。これは、調査研究の蓄積によって研究者等から多く指摘されてきた問題であり、ようやく政策として取り組まれるべき問題となったのである。

さて、以下は「被害者の立場に立った厳正かつ適切な対処の推進」として、それぞれ第3次基本計画と第4次基本計画において示された取り組みである。2つを読み比べて、その違いや問題点、被害者の立場に立つとはどういうことかを話し合ってみてほしい。ヒントを下線部で示した。また、海外におけるDV施策も積極的に調べ、考察を深めてほしい[10]。

［第3次基本計画］
警察においては、加害者について、被害者の意思を踏まえ、検挙するほか、加害者への指導警告を行うなど配偶者からの暴力による被害の発生を防止するための措置を講ずる。被害者に対しては、加害者の検挙の有無に関わらず、事案

---

10) 海外の法政策については，法執行研究会編 [2013] や，北仲千里・井上匡子・清末愛砂・松村歌子・李妍淑 [2016 年 3 月] が参考になる．後者はインターネット上で閲覧可能．

に応じて、必要な自衛措置等配偶者からの暴力による被害の発生を防止するための措置について指導及び助言を行う。

[第4次基本計画]
配偶者等からの暴力が重篤な被害につながりやすいことを考慮し、被害者の安全確保及び加害者への厳正な対処を徹底するとともに、被害者の支援と被害の防止に関する広報啓発を推進する。

　DVについて、「被害者の意思」というのはとても難しい問題である。先日、千葉県野田市で起きた児童虐待死事件では、娘に対する傷害致死罪などで起訴された父親は、妻に対する暴行罪にも問われている。すなわち、妻に対するDVと子どもに対する虐待が重複する事件である。妻は、娘に対する傷害ほう助罪に問われた自身の裁判で、自分が受けていたDVについて、「振り返ってみるとDVだったのかな」と述べたという[11]。
　ここで、もう一度、「パワーとコントロールの車輪」を思い出してほしい。DVは、多くの場合、その目的が相手を支配・コントロールすることである。一連の報道によれば、夫は、妻に対して、実家の家族に居場所を教えないようにしたり（社会的隔離）、娘に対する暴力を制止しようとした際には、暴力をふるったりしており（子どもを使った暴力）、妻は回転している「パワーとコントロールの車輪」の中で、誰にも助けを求められず、孤立している状況がうかがえる。この車輪の中にいる被害者はしばしば、自分がDVの被害者であるという自覚がないこともあるという。裁判で、夫に言われたことは「絶対にやらなくてはという気持ちだった」と述べているのは、悲劇的である。
　このように、暴力を受けていたとしても、被害者は暴力だとは言わない（言えない）ことも多いという親密な関係における暴力の特徴をきちんと理解したうえで、種々の対策が講じられる必要がある。また、夫婦やカップルだからといって、暴力の程度が軽いわけでは決してないことは言うまでもない。「自衛措置」によって被害の発生が防止できるといった考えは、かえって被害者の生命を危険にさらしかねない。

11）「小4虐待死　母に猶予判決」『日本経済新聞』2019年6月26日。

法律およびそれに基づく具体的な施策は、常に DV の特徴と構造の理解へと立ち返りながら、すなわち被害者の視点から見直され、実施されなくてはならない。現在の DV 防止法や諸外国の法制度を、DV の特徴と構造を意識しながら、比較してみてほしい。

引用文献

DV 法を改正しよう全国ネットワーク編 2006 年『女性たちが変えた DV 法——国会が「当事者」に門を開いた 365 日』新水社.

Friedan, Betty, 1963, *The Feminine Mystique.*（ベティ・フリーダン 2004 年『新しい女性の創造〔改訂版〕』三浦富美子訳，大和書房）

戒能民江編著 2001 年『ドメスティック・バイオレンス防止法』尚学社.

戒能民江 2002 年『ドメスティック・バイオレンス』不磨書房.

戒能民江 2004 年「親しさを生きる」浅倉むつ子・戒能民江・若尾典子『フェミニズム法学——生活と法の新しい関係』明石書店.

戒能民江 2016「被害者とはだれか——『女性に対する暴力』と被害者学」『被害者学研究』26 号，pp.4-14.

戒能民江 2017「DV 被害者支援から見えてきたもの——支援の現状と課題」『国際ジェンダー学会誌』15 号，pp.10-30.

宮園久栄 2001「新聞報道と DV」戒能民江編著 2001 年所収.

ゆのまえ知子 2001 年「日本における先駆的反 DV 運動——公営『駆け込み寺』要求運動と『夫の暴力』の可視化」戒能民江編著 2001 年所収.

ウォーカー，レノア 1997 年『バタード・ウーマン　虐待される妻たち』穂積由利子訳，金剛出版.

原田恵理子・柴田弘子編著 2003 年『ドメスティック・バイオレンス女性 150 人の証言——痛み・葛藤そして自由へ』明石書店.

法執行研究会編 2013 年『法は DV 被害者を救えるか——法分野協働と国際比較』商事法務.

北仲千里・井上匡子・清末愛砂・松村歌子・李妍淑 2016 年 3 月「台湾・マレーシアにおける女性に対する暴力被害者支援の研究」『KFAW 調査研究報告書』.

第**3**章　男女共同参画政策とかながわ女性会議

吉田　洋子

はじめに

　男女共同参画は国際社会が協力連携して取り組んでいる課題であり、国だけでなく地方自治体や民間事業者や労働組合など、地域のさまざまな団体が協力連携して取り組んでいる課題でもある。

　男女共同参画は女性の管理職を増やすことから、DV やセクハラを根絶することまで、社会のさまざまな分野にまたがっている。したがって多様な立場の人が関わっている。公務員もいれば弁護士もいれば NPO 活動家もいる。そして自治体はそういう人たちの協力連携を深めながら男女共同参画を推進していくという重要な役割を負っている。問題は家庭にも町内会・自治会にも、職場にもある。社会のあらゆる分野に存在しているから、地域社会こそ男女共同参画の最前線なのである。そして自治体はちょうど扇のかなめのような位置をしめている。

　地域社会は多様である。女性議員が 1 人もいない自治体もあれば 40％を超える自治体もある。地域社会はそれぞれに特徴がある。そして男女共同参画を進める取り組みも、実は自治体によって異なっている。以下では、かなかわ女性会議を中心にその様子を追いかけてみたい。1970 年代以来、神奈川県は長く先駆的な取り組みをしてきたが、そのパートナーとして男女共同参画に取り組んできたのが、かながわ女性会議である。

1.　かながわ女性会議発足は、国際婦人年がきっかけ

　1975 年女性の地位向上のために国際婦人年として向こう 10 年を国連が設定

32　第1部　ジェンダー

した。日本でもそのことを受けて女性活動や女性政策にとって大きな転機の
きっかけとなった。今まで女性問題は個人的なことだったものが社会的なこと
（政治的なこと）であるということを認識することになった。これは本当に大き
なことでわたしたちの神奈川県でも世界的な動きの中で1982年にかながわ女
性会議が設立された。平等で平和な活力ある社会の創造と神奈川県の女性がと
もに力を合わせることを目標に設立されたのである。

　かながわ女性会議は江の島につくられた「かながわ女性センター」（当時は婦
人総合センター）と「かながわ男女共同参画推進プラン」（当初は婦人の地位向上
プランと称していた）との三本柱で発足した。当時の『神奈川新聞』には、この
活動のうねりがまたたく間に全県に広がった様子が記事として出ている。神奈
川の女性たちが待望していた運動だったわけであり、社会的な反響は大きかっ
た。県民女性が協力して準備し誕生した女性会議は全国でも例のない県域レベ
ルの女性運動の組織であった。

2.　女性たちのエンパワーメント─世界の動きに刺激されて

　神奈川県の女性たちが多様な動きを女性会議に結集し、さまざまな活動を展
開した。ジェンダー教育、女性のための電話相談、介護についての調査、女性
労働者の研究、女性への暴力廃絶のためのリーダー養成講座、次世代育成のた
めの講座、環境プロジェクト、女性の管理職登用や委員会や審議会における女
性委員の比率調査、女性議員との交流会、男性グループとの交流等々、その時
どきの時代の要請がある課題に、皆で取り組んできた。またネットワークを広
げるためのフォーラムなどの運営をおこなったり、ブックレットなどを作成し
男女共同参画社会の情報を積極的に広報もしてきた。また女性センターという
拠点が江の島にあり宿泊もできることから全国の女性運動の人たちが訪れ交流
も盛んにおこなわれた。

　さらには国際的な会議などにも参加してきた。とくに北京会議に参加は大きな
意味があった。さらに、アメリカのメリーランド州などとの交流など国際的な動
きにも呼応してきた。北京会議の報告で印象的だったことは「エンパワーメン
ト」ということであった。エンパワーメントとは自らが力をつけることという意味
である。女性自身が力をつけないといけない。これは当時の大きな課題であった。

かながわ女性センターなどで学習しエンパワーメントした会員は、その後各人の地域で男女共同参画社会づくりの活動をはじめた。政治家になった人もあり、地域活動のリーダーシップをとった人もある。こうして女性たちの活動は大きく展開していったのである。そのパワーは今考えても大きなうねりだった。女性会議が呼びかけて党派を超えて女性議員が集まりをもったことも大きかった。

3. わたし自身のこと

　わたし自身も地域で実際に有益な活動を広げた。その中には、わたしが所属する女性建築技術者の会の活動もあるが、これについては後述する。育児休業で団地にお休みしていたころちょうど真向かいの棟に住んでいた室谷千英さん（のちの神奈川県副知事）が神奈川県庁に新しい組織として婦人班がつくられその班長になった。またそのメンバーだった G さんがわたしと同じ棟に住んでいたこともあり、さっそく神奈川県が進めていた婦人の地位向上の動きについての勉強会を共同購入（大地を守る会、生活クラブ生協、よつば牛乳の会など）の仲間と集会所で開いた（室谷さんや G さんももちろん共同購入の仲間であった）。これは団地の皆にとっても新しい情報であった。そのころかつて新聞社に勤めていた人がいて、彼女は始終ニュースを作成して皆に読んでもらったものである。ニュースの内容は多様で、女性問題のことも、共同購入のことも、その時どきで発行をおこなった。その勉強会がベースとなり具体的に地域に共同保育園や学童保育をつくることにつながっていったのである。偶然なのか G さんのパートナーが横浜市の男女共同参画担当の部署へ異動になった。それで皆で夜まで女性問題の議論をしたりもした。わたしたち女性たちは議論を夜まで続けたのだが、G さんのパートナーは朝から晩まで女性問題づけになるわけで、さすがに疲れるといったこともあった（彼はのちの横浜市の区長となった）。

　年子の男の子が 2 人通っていた無認可保育園がなくなりそうになり、G さんたちと協力して共同保育園をつくることになった。最初、園の場所が見つからず、それならとわが家を開放して共同保育園をはじめたのである。朝出勤する時間になると、わが家は保育園に変わるのだからたいへんである。キッチンを汚したままでは出かけられないので大慌てで片づけて出かけるのである。わが

家のおもちゃを提供したが、そのうちにわが子から苦情がきた。みんな自分の大事なおもちゃを大切にしてくれないと。それならよその子も使ってよいおもちゃだけ出しておいて、大事なものは押入れの奥にしまっておけば、などと個と共同について小さな子どもにも考えさせるような出来事もあった。そのあと東横線の線路沿いのマンションの2階が借りられることにはなったのだが……。

保育士の方の4人目の妊娠で共同保育園は続けられなくなり、子どもたちは認可保育園に移った。ところが保育園が終わる時間が早いためとてもお迎えには間に合わない。しかたなく二重保育を頼むことになった。近所の方に保育園のお迎えを頼み、そのおうちでわたしが仕事から帰るまで見ていただいたのである。

4. 学童保育づくりに取り組む

さて小学校に上がったら隣の学区に学童保育があった。やれやれ良かったと思ったのだが、夏休みが終わると子どもが同じ学校の子どもと遊びたいと言い出し、また施設づくりが始まり、今度は学童保育づくりに取り組んだ。場所さがし、運営委員会結成、子ども集め（20名以上いないと補助金が下りない）、資金集め、指導員さがし、役所への書類づくり、そして保護者たちの話し合いと、本当にたいへんだったがシステムのすべてを何から何まで手がけた。その経験はその後のまちづくりの仕事にとても役立つことになった。

このときの大きな気づきは地域でのネットワークがとても有効だということであった。共同保育園のときにはなかなか地域での理解を得られず、賛同者をたくさん集められなかったのだが、学童保育のときには地域にそういう施設をつくることの意義が皆にわかってもらえていた。だからあっという間に必要な人や物があつまったことである。このようにネットワークということにどういう意味があり地域では有効だということについて実感した出来事であった。場所探しや資金集めは本当にたいへんであったが、地域に必要な施設のことをアピールすると、そこも解決できたのである。自分たちや家族にとって必要で地域にほしいものに関しては誰もが協力的であった。

現在わたしは、反町駅前ふれあいサロンという地域の拠点を運営しているが、この施設がスタートするときに、学童保育づくりのときにできたネットワーク

も活用できている。反町駅前ふれあいサロンは東横線の地下化で生まれた公園緑道の集会所としてつくられた駅前のサロンである。障害者のネットワークである神奈川区障害者地域作業所連絡会と町内会自治会と商店街などと連携し、わたしたち区民ボランティアで組織をつくったステーションとで運営をしている。

　先日悲しい出来事があった。横浜のまちづくりを大いに引っ張ってきた清水靖枝さんが2018年8月にお亡くなりになり、瀬谷区の長屋門公園（清水さんが運営していた）で開催された展示会および記帳式に行ってきた。その展示の中で清水さんの活動のスタートがかながわ女性会議であったことをあらためて確認をすることになった。江の島のかながわ女性センターで活動し、そのあと横浜市の女性フォーラム（現在のフォーラム。男女共同参画センター横浜、横浜市内に3館ある）の立ち上げを手伝い、瀬谷区で女性の目でまちづくりを展開し、長屋門公園ができたときにその運営をやることになり積極的に多様なまちづくりを展開してきたのである。同じ世代の仲間を亡くしたということで、しばらく夢枕に出てきたほどである。清水さんは幅広い活動をしてきた方で町内会自治会の活動を新しい動きに変えたり民生委員もやったり「見守りの家」という公園内にログハウスをつくり地域の人たちと運営していたり、横浜では大活躍の方であった。子どものことから学校のPTAにも取り組み、女性会議に加わり力をつけていったのだと思うのである。その原点も女性会議にあり、彼女の基本は人が大切、自然が大切、結局はいのちの問題と本当に頭が下がる考え方で活動を続けられてきた。

5.　まちづくりや都市計画の分野から

　ここまでNPO法人かながわ女性会議の活動を中心に国際婦人年以後の動きを見てきたが、わたし自身の仕事の観点から以下にまとめてみることにする。わたしは大学は日本大学理工学部建築学科で1970年に卒業した。それ以来ずっと都市計画やまちづくりの仕事を続けている。先日神奈川大学で建築を学ぶ女子学生がわたしの共同オフィスを訪ねてきた。皆就職をどうしようかと悩んでいるところなのである。公務員になろうか設備の会社に入ろうかハウスメーカーに入ろうかいろいろ考えており、わたしのところに多様な仕事につい

て話を聞きにきたのである。

わたしたちが若いころ（1970 年代）は行政も建築の女性をとらないところが多かった。労働基準法に女性の高所の仕事が禁止という条項があったため、それを理由に学校建築の現場の高いところにあがれないからと採用してもらえなかったのである。建設会社は社員として女性は採用せず、準社員という採用で男性にくらべて給料も安く仕事も補助的な仕事であり面白く楽しい職場では決してなかった。それでは小さい設計事務所はどうかというと女性が入るとお茶くみや青図焼きの仕事や経理をやらされたりした。ひどい事務所では残業のときの夜食づくりをやらされたりしたのである。有名な建築家の事務所でもそのような実態であった。

そのころわたしたち建築業界の女性たちは、どうして女がお茶くみ？　青図焼き？　と大いに疑問を抱き女性建築技術者の会を立ち上げたのである。これもかながわ女性会議と同じで国際婦人年がきっかけであった。

このような状況だったから、わたし自身は、小さな事務所はおさんどん（食事づくり）をやらされるからだめ、建設会社のような大きいところは準社員だからだめ、という理由から中規模な都市計画コンサルタントを選んだ。そしてお茶くみなどはしないようにしていた。わたしのあとに入ってきた男子社員に彼らがお茶を入れたりコーヒーを入れたりしていると、わたしの分も入れて！と高らかにお願いをし、入れてもらっていたのである。

しかし都市計画やまちづくりの分野では、Mr アヴィレッジ（平均的な男性のためのまち）という考え方がまかりとおっていて、女性たちには不都合なことがたくさんあったのである。たとえば妊産婦にとってまちは動きやすいか？バギーを押している赤ちゃん連れのお母さんたちにとってまちは安全なのか？

前述した女性会議や女性建築技術者の会で、なぜまちが男性基準なのか、なぜ女性たちに暮らしにくいのかについて勉強を積み上げていった。平成に入り社会でも女性の立場だとか生活者の視点といった問題提起がされるようになり、わたしはその世の中の動きに対して、自分の仕事の分野で次つぎと企画提案をし、仕事を開拓していったのである。

横浜市では当時の市長が「女性の目で見たまちづくり」に取り組むと聞いて、すぐにやらせてくださいと名乗りを上げた。このときに知り合った女性たちと

は、今も長い付き合いになっている。女性市民を募集して、まちに対するアドバイザーとして提案をしてもらったのである。①ゴミ分別収集・リサイクル、②道路・交通。違法駐車対策　③社会参加（生涯学習・地域活動・就労）、④特色あるまちづくりの４つの分科会に分かれて喧々諤々。わたしたちは皆が心地よく意見交換できるように進行役や書記などを務めた。また見学会を企画しバスで出かけて、女性の目で見たまちづくりの提案集にまとめていったのである。このときに印象深いことがあった。参加した女性たちの中で、ご自分の貯金通帳をもっていない人がいたのである。アドバイザーはあくまで個人に対する報酬なので他の名義にはお金を振り込めない。そう言われて彼女は貯金通帳を新たに作成したのである。

　この事業は３年続いた。その中で女性たちの活動は陳情要望型から提案型に変わっていった。女性たちは市役所の各部署で女性委員として推薦されてあらゆる分野の政策に関わっていったのである。

6.　公共建築へのメッセージ―女性からの提案

　また「女性の意見を生かした公共施設設計指針」という仕事も、前の仕事は市民局の仕事であったが、今度は建築局から頼まれてお手伝いをすることになった。この仕事も今まで女性たちで議論して蓄積していたものを表に出せる仕事であった。

　女性の意見を入れた提案なのでまずは公共施設を利用する方たちにアンケートを行った。子ども連れでの利用や高齢者や障害者の介護などで付き添うのも女性が多い。だからさまざまな意見が出された。

　企画段階では、①さまざまな人びとに利用しやすい、②利用者に親しみやすい、③環境に配慮する、④地域の特性を生かす、⑤もっと市民参加を、などが重要という内容をまずまとめ、それに基づいて設計への提案、管理運営への提案などをおこなった。事例も整理をしてわかりやすい形でまとめた。

　誰でも使えるトイレ、地域の居間、隔離されないキッチン、余裕ある収納、親しみをつくり出すしかけ、働きやすい環境づくりなど。

　また神奈川県においても男女共生社会に向けてのまちづくりが大きなキーワードということで、女性問題協議会に「家庭と女性の目で見たまちづくり」

という部会が設けられ、その一員にわたしも加わることとなった。その中で「男女共生のための公共施設について」の小冊子をまとめた。この視点は女性が利用しやすい施設は女性のみならず高齢者や子どもさらには障害のある人たちひいてはそこを利用するすべての人にとっても使いやすい施設となるはずであるという考え方である。現在ではユニバーサルデザインという考えが公共施設の設計では浸透してきているが、先駆的な取り組みであった。

　以上、2つの事例について述べたが、まちづくりに「女性の意見」や「女性の視点」を取り入れる動きが盛んな時期であった。その中で上記3つとともに下記のような仕事に具体的に取り組んできた。

　①女性の目で見たまちづくり（横浜市市民局女性計画推進室）

　②女性の意見を生かした公共施設設計指針（横浜市建築局建築部企画管理課）

　③男女共生のための公共施設に向けて（神奈川県女性関連施設整備構想協議会）

　④女性の目で見たまちづくり（神奈川県女性問題協議会）

　このような仕事を行政からの委託でおこなってきたことから、県民や市民からも頼まれ多様なプロジェクトにも関わることとなった。

　かながわ女性会議の会員から頼まれて、かながわ女性会議環境プロジェクトを立ち上げることになり、皆で始終集まり検討をおこなった。わたしは女性会議の会員であり専門家としてこのプロジェクトに関わることとなった（水・上流と下流　出あいからの出発〜地域に根差した活動グループのネットワークをめざして）。

　またこの研究会では各自治体の環境行政調査もおこない、女性管理職職員の現状や委員などの女性の参画状況なども調べることとなった。

　横浜市でも中区の女性フォーラムを実行していた嶋田昌子さん（横浜シティガイド協会を主催し、横浜の多様なまちづくりに現在でも参加している）から頼まれ、まちづくりにもっともっと女性の参画が必要なのではないかという検討を、グループワークなどの手法でおこなった（まちづくりは誰のもの〜まちはわたしたちの手で変えられる　まちづくりは誰のもの実行委員会）。また横浜市金沢区の女性建築技術者の会から頼まれ、仲間と暮らす新しい住み方暮らし方を考えるというグループワークもお手伝いした（金沢区生涯学習講座　住み方暮らし方を考える住み方・暮らし方から学ぶ人生プラン　「住まいとくらしを考える」運営委員会）。

　またこのような実績から、シンポジウムなどに頼まれてパネラーとして出る

ことや講演などを頼まれることも多くなっていった。

　①女性の目で見たまちづくり講演（さがみはらあじさいフォーラム）

　②福祉社会とまちづくり　女性の目で見たまちづくりシンポジウム（かなが
　　わ住まいまちづくり推進協議会）

　銀行から頼まれて家づくりのシリーズの原稿を書くことにもなった。わたし
はその中で「家づくりをきっかけに楽しい近所づきあいをはじめましょう」を
執筆をした。

　さらには建築や都市計画の専門誌からの原稿依頼も増え、幅広く発信もおこ
なった。

　こうした女性会議の活動からはじまった仕事は、現在もまちづくりと都市計
画の視点を新たに開くものであった。楽しく仕事に女性の専門家や県民市民と
取り組んだことが昨日のように思い出される。

7.　かながわ女性会議の最近の活動

　さてかながわ女性会議のほうに話を戻そう。その後 2010 年 NPO 法人の認
証も受け現在にいたっている。男女がともにいきいきと生きられる「男女共同
参画社会」の実現を目指して、現在も時代的に必要な活動を継続している。こ
うして時代とともにかながわ女性会議は女性センターと男女共同参画プランと
3 本柱で多様な活動を広げてきた。

　以下近年の活動について述べる。

　男女共同参画審議会をはじめとしてさまざまな委員会や審議会には参加をし、
女性会議の立場で提言をおこなっている。これは女性会議の当初からの活動の
成果で、政策提言を精力的におこなっているのである。①神奈川県男女共同参
画審議会委員、②神奈川県生涯学習審議会委員、③かながわ人権政策推進懇話
会委員、④海老名市男女共同参画協議会委員、⑤㈶かながわトラストみどり財
団評議会、⑥かながわ自殺対策会議委員、⑦神奈川県子ども・子育て支援推進
協議会委員、⑧日本ユニセフ協会神奈川県支部理事、⑨さむかわ男女共同参画
プラン推進協議会委員、⑩神奈川県防災会議委員および幹事、⑪神奈川県弁護
士会人権賞選考委員など、多様な範囲の委員をメンバーが引き受けているので
ある。

40　第1部　ジェンダー

　また自殺対策防止キャンペーンに参加したり神奈川県人権メッセージ展に展示したりと、その他の幅広い活動もしている。

　また神奈川県がＭ字カーブ[1]の底が深いことに関してアンケート調査をおこなったり講座をおこなうとともにＭ字カーブ解消に向けてのハンドブックを作成したり、女性が働き続けるための活動も継続している。これは「きんとう基金」を活用しておこなった事業である（はたらく女性のいきいきライフ見つけよう！　自分にあったワーク・ライフ・バランス）。社会では女性の活躍というスローガンがさまざまなところでうたわれているがその中に問題はないのか。ワーク・ライフ・バランスのことが検討をしっかりなされないままだと男性の働き方を女性も同じようにしなくてはならないのかという懸念も多く、女性会議としても発言を続けていかなくてはいけないと考えている。そのあたりのワーク・ライフ・バランスについての政策が進まない中で単に女性の活躍といっても、女性たちはたいへんになるばかりで社会が本来的にはよくなっていかないと考えるのである。

　また日本では相次いで大災害が起こっている。地震をはじめとして台風や川の氾濫などの被害も大きく受けた地域も増えている。その中で女性の問題が多くあるのだがなかなか避難所などで改善されていかないことに視点をあて、女性と防災について防災寸劇の形で問題を多くの地域に提起してきている。今までにこの防災寸劇をおこなった地域は神奈川県全体に広がってきている。大和市でおこなったのを最初にして藤沢市で２回、横浜市の沢渡の防災センターで演劇集団による上演、金沢区の子育て支援の場所、西区第四地区（地区社会福祉協議会でおこない町内会の人たちが中心でよい展開になった）、戸塚区の子育て広場、相模原市ソレイユさがみ、川崎市すくらむ21、川崎市幸市民館、開成町南町（これから町内会を立ち上げようとしているところ）などで継続実施してきた。また若い人たちにも情報をということで、後述するが神奈川大学のジェンダー授業の中でも防災寸劇を学生たちに取り組んでもらい効果を上げている。若い人たちの反応もこの防災寸劇が人の立場に立って体験するというロールプレイ

　1）　働く日本人女性の割合（労働力率）を年齢別に見ると、20代でピークになるが、30代の出産育児期には就業率が落ち込む。そして子育てが一段落すると再び上昇し、50代、60代へとなだらかに下降する。これを年齢階級別のグラフにあらわすとＭ字カーブを描く。このような曲線を描く国は欧米には見当たらない。なお近年Ｍ字型の底はしだいに浅くなってきている。

の手法なので、若い人たちにも理解をしてもらえるようである。

　また今年度も神奈川県の基金21の補助金を活用し、今まで実現できていない地域小田原の市民活動支援センターで女性と防災について実施の予定である。また防災の担当者から頼まれて海老名市でも予定されている。この事業はかながわ女性会議が阪神大震災より女性と防災の勉強会を続けてきたことで実現している。さらには理事長であるわたしがまちづくりの専門家の立場で地域防災に取り組んでいるノウハウも重ねて実行しているものである。

　女性相談もⅠ市から委託を受け、相談員を派遣している。地道ではあるがこのような活動も重要だと考えている。電話による女性相談も継続してきていたが、企業の支援が終了してしまって残念ながら昨年度で終わってしまった（女性サポートウイズの活動）。Ⅰ市の女性相談は継続している。女性会議から３人＋１人の女性が月〜金まで市役所の相談室に詰め電話相談と面談をおこなっている。必要があれば生活保護などにもつなげたり、同行支援もして女性の支援をおこなっている。

　町内会や自治会における女性や障害者、外国人など多様な人たちの活躍も重要と考え講座を実施、パンフレットを作成し、そのPRも広げている。これはかなテラス（江の島にあった女性センターが名前を変えて藤沢に移転したもの。神奈川県男女共同参画センター）の支援で講座やパンフレット作成をおこなった。

　神奈川大学における「新しい公共のかたちを求めて〜ジェンダー〜」という授業について女性会議も協力をしており、市民に向けた公開連続講座も盛り込み、進めているところである。また、昨今、LGBT SOGIの問題は大きな課題になっている。女性会議でもいろいろな機会をとらえ、この問題についても考え発信をしていきたいと考えているが、上記神奈川大学の授業の中でもLGBT SOGIや同性婚の問題などを取り上げている。学生向けのブックレットもかながわ女性会議で作成しており、授業で役立てている（『新しい公共のかたちをもとめて〜ジェンダー』）。

　初代の女性会議の会長だった深澤淑子さんに赤ん坊と幼児を連れたわたしとはじめて会ったときに「まあ！　あなたのような若い方も女性会議の活動に加わってくださるのね」と言われたことが昨日のように思い出される。当時わたしは30代前半で江の島まで大荷物をもって２人の男の子と女性会議に参加し

たのだった。育児休暇を取っているときだったと思うが子どもを育てながら働き続けることは本当にたいへんであった。共同保育園や学童保育を皆でつくりその運営に明け暮れていた毎日を思い出す。その当時を思い出しながら現在の女性の立場はよくなったのだろうかと思いを馳せる。年齢の行ったわたしたちが今度は若い人たちに発信をしていかなくてはいけないのだと思っている。女性の活躍などと言われていても、女性が働き続けるためにはまだまだ多くの壁があるように思う昨今である。

　今年度からかながわ女性会議の理事も新しいメンバーになり相当若返ったので、皆が考えている問題認識も違うところから新しい活動も生まれてくるのではないかと考えている。まだまだ女性会議の活動を継続し、男女共同参画政策の行方を見守っていく必要があると考えている昨今である。

---- コラム① ---

子育てのたいへんさ

広岡　守穂

　「Canau」という長崎のミニコミ誌の中に子育て中の女性の文章がある。今の子育て
のたいへんさが伝わってくる。ご本人の了解を得て全文紹介したい。夫婦2人で子育て
をしていても、いくら夫が協力的でも、それでも母親の苦労は並大抵ではない。
　執筆者の新井聡子さんは3人の子どもの母親である。1978年生まれだ。第一子を出
産したのは23歳のときだ。ご本人に経歴をうかがったところ、出産、育児のたびに非
正規、正規と転職を繰り返しながら、現在は法律事務所に勤務している。2017年に友
人とともにフリーペーパー「Canau」（カナウ）を創刊し、長崎県内で起業した女性や
県知事選をテーマにした座談会などを記事に取り上げてきた。未来という名前の畑に種
を蒔くような気持ちで、ささやかな発信を続けているのだという。
　以下は新井聡子さんの「THIS IS WHO I AM」の全文である。

THIS IS WHO I AM

新井　聡子

　少子化晩婚化多様性。出産経験の有無や子どもの有無。そんな話題自体、もはやタ
ブーであるかのような今日このごろ。人口動態統計によると、2017年に生まれた子ど
もの数（出生数）は94万6,000人となり、過去最少を更新した。その一方、毎日のよ
うにメディアから流れてくるのは耳を塞ぎたくなるような子どもの虐待のニュース。今
の日本社会に子どもは少なくて、連れて歩くと謝ってばかり。家庭という密室では子ど
もが殺される。
　何かがおかしい。たぶんみんなが気づいている。でも、何ひとつ変わらない。忙しい
毎日は変わらずやって来て、そして続いていくから。

　わたし自身について書こうと思う。
　23歳の時に生まれてはじめて見た新生児は、早いもので高校2年生になった。妊娠、
出産って人生にめちゃくちゃインパクトある出来事だ。今週はどこでシークレットの

パーティーが開かれるかネットで一生懸命に調べていたわたしは、妊娠したとたん今度は助産院探しに夢中になった。今、頭に浮かんだ言葉は「破壊と再生」。そんなインドの神様いたよね。

　三度の出産はそれぞれにエキサイティングな体験だった。そして経験してはじめて知った、自分の生まれもった特技だった。なんせ、陣痛から出産までが非常に短時間なうえに、気持ち良さが痛みを上回っているのだ。もし自分がブラジルとかに生まれていたら、代理母、間違いなくやっていると思う。

　ただ、子どもは産んで終わりじゃない。産めるから、育てられるわけじゃない。自分が「子育てに向いていない」と最初に気づいたのはいつだろう。多くの母親がそれぞれの心の中に「理想の母親像」をもち、「いい母親」でありたいと願う。わたしのそれは、いつも穏やかで優しい自分の母親だった。

　「お母さんがそがん言い方したらダメやろ。お母さん、そがん怒鳴ったりせんかったろ？　うちもそうやったよ。」

　子どもを怒るわたしを見て夫が言ったひとことだ。責めるような口調ではなかった。彼は子育て自体にもかなりの割合で関わっている。怖い夢を見て目を覚ました夜中、我が家の末っ子が呼ぶのは、母親であるわたしではなく彼なのだ。

　だからこそ、わたしは心から納得した。納得して、そうあろうと努力した。それでも、できない。自分の母親のようにできないのだ。下の年子の2人を、うまく扱えない。言うことを聞いてもらえないと怒鳴ってしまうし、手が出ることもある。傷つくような言葉もたくさん言ってきた。自分をまったくコントロールできなくなる。子どもの泣き声を聞いた近所の誰かが、児童相談所でもいい、警察でもいい。通報してくれないだろうかと考えたことは一度や二度ではない。

　「虐待は連鎖する」という。でもわたしは、虐待されたわけではなく、あんな風にちゃんと育ててもらったのに。育児関係の本や雑誌も、まったく読めなくなった。怖かったのだ。自分が「毒親」であることを突きつけられることが。

　アイフォンでSNSを開けば、キラキラしたものばかりが飛び込んでくる。家はいつも綺麗で、つくり置きの常備菜に彩り鮮やかなお弁当。身体に優しい手づくりおやつに季節の行事は欠かさない。子どものこと最優先にできる、それでいてお洒落な母親。どうして、わたしにはできないんだろう。どうして。どうして。どうして。

　毎日、発作のように怒り続けるわたしによって、家庭の雰囲気が悪くなっていることは目に見えて明らかだった。そしてさらに自己嫌悪に陥る、負のループ。このままではまずいと気づき、すがるような思いで心療内科に通いはじめた。風邪をひいても病院には行かないわたしが、だ。診察室で医師にこれまでの思いを話すと、自分でも驚くくら

いに涙が溢れて止まらなくなった。

　根が真面目な人ほど、「理想の母親」であることを自分自身に課すように思う。パートナーに求められれば、それに応えたいと思うのは当然だろう。そして、ますます自分で自分をがんじがらめにしてしまう。わたしはもともとが短気で、穏やかな性質ではない。忍耐力もない。いつも頭の中は、仕事や、やりたいこと、行きたいところ、いろんなことやもので溢れている。自己中心的なのだ。でも、それって欠点だろうか。そして、やっと気がついた。自分の母親とわたしは別の人間だ。「母親みたいに」できるはずがなかったのだ。

　母親であるわたしがこんな文章を書くと、ますます少子化って進むのかもしれない。でも、そんなこと知ったことじゃあない。お国の状況を考えられるほど、わたしたちにはもう余裕はない。そして、はっきりと言っておきたい。お国のために子どもを産んだわけでもない。子育てって本当に、大仕事だよ。わたしは毎日フルタイムで働いていて、お昼には1時間の休憩があるけれど、専業主婦だと1日が時間の区切りなく、あっと言う間に終わることも知っている。

　苦しくないですか？

　毎日、クタクタじゃないですか？

　子どものこと、夫婦のこと、いろんなこと、相談できる人はいますか？

　自分の時間はありますか？　自分の人生を、生きていますか？

　言いたいこと、もっと、どんどん言っていこう。

　人の目なんてくだらない。そんなの気にしてたら、きっと人生なんてあっという間に終わってしまう。

　わたしたちが、そのままに生きることで、未来はきっと少しずつでも変わっていく。そう信じたい。

第 **2** 部

まちづくり

第**4**章　市民マラソンは社会を変えたか

近藤　真司

はじめに

　市民マラソンが隆盛をきわめている。市民マラソンは生涯スポーツを代表する存在である。20世紀がゴルフとスキーの時代だとすると、21世紀はランニングの時代と言えるかもしれない。1980年代にさかのぼってみると、世界の大都市の中で「市民マラソン大会」を開催していない都市は、東京だけだった。都内の名所をコースとした東京マラソンが開催されたのは2007年2月のことだが、それが2020東京オリンピック・パラリンピック招聘につながった。

　わたしは大学卒業後、1982年から1991年まで、走る仲間のスポーツマガジン『ランナーズ』を発行していた㈱ランナーズ（現：アールビーズ）に在籍していた。そのときに経験したことをもとに、市民マラソンの変遷と社会の変化について考察してみたい。

　さて市民マラソンを考察するとき「需要者」の視点で見るか、「提供者」の視点で見るか。どちらの視点で、ものを見るのか、これがとても重要なことである。

　1970年代までのスポーツ・体育「振興行政」は、提供者の視点で構想されてきた。需要者の視点は、ほとんど顧みられなかった。高度成長時代には、右肩上がりの税収を背景として、社会資本（インフラ：橋、道路、教育施設、文化施設、運動競技場等）の整備は、提供者の視点から推進されていった。市民は教育施設を使用させていただくお客様だった。この時代は提供者の「都合」で施策を展開してきた。

　しかし市民が動いて社会の変革を促したケースもある。スポーツは、「競技

50　第2部　まちづくり

者のもの」から「市民＝ふつうの人びとのもの」に変わっていったのか、それとも変わっていないのか。もともとマラソン大会には「競技者」しか参加できなかった。それに対して市民マラソンでは、一般の老若男女が参加できる。市民マラソンの発生から普及について、わたしの体験をもとに、その動きを探ってみたい。

1.　スポーツのイメージ

　スポーツのとらえ方について、キーワードを例示しながら考えてみよう。第一に、体育 vs スポーツ。「運動部（教科的学習：チーム）」か「スポーツクラブ（クラブ的学習：クラブ）」か。第二に、教育・根性（スポ根）vs 文化・生きがい。「やらされ感」か「主体的やる気」か。第三に、青年 vs 元気シニア。「スポーツは若者がするもの」か「年齢・性別にかかわらずするもの」か。

　「運動部」から「地域スポーツクラブ」への移行はある意味では、スポーツの成熟度・洗練度の進行をあらわすと言える。中学校や高等学校の部活動が時どき問題を起こす。それを見る社会の目はきびしくなっている。一方、変わらないのはメディアである。いまだに、ある新聞社では「スポーツ部」ではなく「運動部」である。

　2018 年 8 月 6 日にスポーツ審議会から「スポーツ実施率向上のための行動計画について～『スポーツ・イン・ライフ』を目指して～」という答申が出た。

　この要旨は、ビジネスパーソン、女性、子ども、高齢者、障害者のスポーツ実施率の向上について、具体的な数字をあげて、その達成を目指すものである。その中で、2015 年 10 月に発足したスポーツ庁は、2011 年 8 月に施行された「スポーツ基本法」（1961 年に制定された「スポーツ振興法」を 50 年ぶりに全面改正したもの）の趣旨を踏まえ、スポーツを通じ「国民が生涯にわたり心身ともに健康で文化的な生活」を営むことができるスポーツ立国の実現を最大の使命としている。

　スポーツ基本法の趣旨によれば、スポーツは個人の心身の健全な発達、健康・体力の保持、精神的な充足感の獲得、自律心その他の精神の涵養等のために個人または集団でおこなわれる運動競技その他の身体活動を目的とする活動であり、さらには、地域・経済の活性化、共生社会や健康長寿社会の実現、国

際理解の促進など幅広く社会に貢献する営みである。「スポーツを通じて幸福で豊かな生活を営むことは、すべての人びとの権利」であるとされている。スポーツには、競技としてルールに則り他者と競いあい自らの限界に挑戦するものもあれば、健康維持や仲間との交流など多様な目的でおこなうものもある。たとえば散歩やダンス・健康体操、ハイキング・サイクリングもスポーツである。

スポーツは文化としての身体活動を意味する広い概念であり、各人の適性や関心に応じて行うことができ、一部の人のものではなく「みんなのもの」である（第2期スポーツ基本計画：2017年3月24日文部科学大臣決定）としている。

2. スポーツ・インテグリティが問題になった2018年

この第2期スポーツ基本計画には「する」「みる」「ささえる」スポーツ人口の拡大がうたわれている。その中で、「日本のスポーツ界の在り方として一部で指摘される、規範を外れても勝利を追求しようとする志向（いわゆる勝利至上主義）、過度な上意下達や集団主義、科学的合理性の軽視、といった問題を取り除き、スポーツ・インテグリティを確立することが欠かせない」。これは答申「スポーツ実施率向上のための行動計画について〜『スポーツ・イン・ライフ』を目指して〜」に指摘されていることである。

2018年は、スポーツ団体激震の年であった。スポーツ団体の組織運営に対する問題提起が続発した。スポーツ・インテグリティが時代のキーワードである。インテグリティとは「高潔性」「誠実性」「健全性」を指す。スポーツ選手やスポーツ団体は自らのおこないによってスポーツを貶（おとし）めることのないように努力する義務を負う。実効性を伴うモラルが求められている。

スポーツ・インテグリティについては内閣府による「経済財政運営と改革の基本方針2018」に「ドーピング・暴力・ハラスメント等の不正がない状態、スポーツに携わる者の誠実性・健全性・高潔性と国際的に通念されている」との記述がある。

ラグビーワールドカップ2019と東京オリンピック・パラリンピック2020の開催を前に、世界から注目される日本のスポーツは大丈夫なのだろうか。

女子レスリングの問題などは、選手側からの、伝統的な日本の典型的なス

52　第2部　まちづくり

ポーツ文化ともいえる年功序列主義（指導者への過度な同調もふくめて）に対する、情報スキルを活用した「挑戦」と言えるかもしれない。年功序列や礼儀作法を重視する伝統的なスポーツ組織に背を向ける若者が増えている。既存の組織や規則に縛られことを嫌う若者たちのスポーツ嗜好にも変化があらわれている。「日本スポーツとジェンダー学会」などもこのような問題を取り上げている。

3.　生涯スポーツ誕生の背景と市民マラソン

　今日、女性限定のフルマラソン大会でも参加者1万人を超える大会が存在する。しかし40年前には、女性に42.195 kmを走らせるのはあまりにも酷だと考えられていた。40年前には、公道を自由に走る女性ランナーはほとんどいなかったものだ。けれども今日では自由に公道を走る女性たちを見ることは普通のことである。どのようにして変化してきたのであろうか。

　「市民マラソン」とは何なのか。それは誰でもが参加できる大会である。一部の「エリート（競技者）」だけが参加する大会ではない。1970年代には、ふつうの人びとは、公道を占有して開催される大会には参加できなかった。この時代は「自動車」優先の時代で、公道を走るなんて、とんでもないこと、人より自動車が優先される時代であった。

　1980年代に入ると様子が変わる。月刊雑誌『社会教育』は1985年11月号で地域に育つスポーツ・クラブを特集している。巻頭言では、江橋慎四郎鹿屋体育大学学長が「コミュニティ・スポーツ」と題して寄稿している。その中で江橋氏は、過去1年間に何かのスポーツに参加した人の割合は64％（男子73％、女子56％）。女性と男性のスポーツ参加率には相当の開きがあると指摘している。コミュニティ・スポーツの振興には女性の参加率をどう高めていくのか、高齢化社会の到来に向けて、年齢の高まるにしたがって下がりつつある参加率をどう高めていくのか等が、当面する問題であると述べている。さらに江橋氏は、高齢者のスポーツとしてのゲートボールが盛んになっているが、それでも半数以下であり、ゲートボール以外の種目の開拓も必要なことである、と提言する。国際的なスローガンとして「みんなのスポーツ」（Sport for All）ということが言われているが、その核は、地域社会のスポーツの振興であろう、と論考

をまとめている。

『社会教育』1988 年 11 月号の特集は社会体育である。文部省体育局に生涯スポーツ課が設置され、その生涯スポーツ課から「体育・スポーツ施設現況調査報告」と「生涯スポーツの推進」として全国スポーツ・レクリエーション祭が紹介されている。

社会体育と言われた時代から、生涯学習社会を見据えた生涯スポーツの時代へ、そして生涯スポーツの中でいちばん目に見える形で発展した市民マラソンを中心に、市民の活動が社会をどう変えていったのかを以下に考察していく。

4. 皇居周辺・公園・河川敷は市民スポーツの場

1982 年にわたしは㈱ランナーズ社に入社した。1982 年 3 月に同社の中途採用を中心とした社員募集があった。中途採用（編集業務経験者）が中心であったが「新卒可」ということで学生時代『ランナーズ』誌を購入したことがあり応募、内定をいただいた。カメラマンも同時に募集をしていたが、そのときの課題作品が「皇居」の写真であった。写真部門については、フリーランスのカメラマンをフリーとして採用した。当時から皇居はランナーたちの「メッカ」であった。昼休みに「通産ランナーズ」など役所の「走友会」のメンバーが大勢走り出す。皇居は 1 周 5 km で速い人は 20 分、25 分以内で走ることができれば、昼休み 2 周が可能である。

公園もスポーツの場だった。1976 年 2 月に雑誌『ランナーズ』が創刊したころ、相次いで、全国各地に走友会が設立された。走る縁でのつながりが求められていたようだ。日本では公園を拠点に走る仲間が集う「走友会」が多数存在する。東京走友連合所属の「町田いだ天クラブ」（http://www.geocities.jp/machida_idaten_club/）のクラブ創立が 1970 年 8 月 16 日、会員 50 名、東京都教育委員会より「社会体育優良団体」として表彰（1989 年）を受けている。「小金井公園走友会」は会員数 125 名（男性 93 名、女性 32 名）、1979 年 12 月に小金井公園ラジオ体操会の有志によって設立し現在まで活動を続けている。

また、市民主導の動きとして特色のある老舗の「横浜中央走友会」（http://yokokaze.daa.jp）は 1977 年 5 月 3 日、85 名でスタートし、2018 年で発足 41 年となっている。現在は 100 名を超える会員がいる。

54　第2部　まちづくり

　同会は、ニューヨーク・ロード・ランナーズ（https://www.nyrr.org）をお手本としてつくられた。こちらは1958年発足なので60年の歴史がある。このNPOはニューヨークのセントラルパークを拠点として、毎週大会を主催し、ニューヨークシティマラソンの主催者でもある。今でも事情はあまり変わっていないが、当時、日本の場合はNPO単独で主催しようとすると道路使用許可が下りなかった。ニューヨークでは「市民団体」がロードレースを主催するのが当たり前である。こういった「市民主導」の理想をかかげた走友会もあった。

　河川敷も市民が走る場だ。川沿いのランニングコースが整備されているところが各地にある。市町村の教育委員会指定のコース標識（トイレの整備、右回り、左回り、折り返しなど）の整備がされている。

　社会体育施設ももちろん大切な場である。社会体育施設の数は他の社会教育施設（公民館、図書館、博物館）にくらべて多い。全国に4万5,000以上ある（社会教育調査）。インドアのランニングマシンのあるスポーツクラブも多い。

　公道はどうか。ロードレースに公道を使用するとき「道路使用許可申請」を所轄の警察署に提出して許可を得なければならない。が、なかなか許可が下りない。

5.　「記録」にこだわる市民ランナーたち

　「競技者」を前提とした体育団体（スポーツ団体）は1980年代には、「素人（しろうと）」を相手にしていなかった。

　日本陸上競技連盟は、競技者の統括団体であった。当時の競技者向け専門誌『陸上競技マガジン』『月刊陸上競技』では、フルマラソン（42.195km）は男子で3時間以内に完走する競技者の記録が掲載されていたことを記憶している（それ以上は制限タイムがあり、素人が参加する4時間代、5時間代の記録は『ランナーズ』にしか掲載されていなかった）。

　マラソン大会には、フルマラソン、ハーフマラソン、30km、20km、10km、5km、3kmなどの種目が設けられていた。

　スポーツウォッチが中心の時代であり、1,000名規模での参加は想定されていなかった。

　マラソン、あるいはロードレースの総称がランニング大会であった。

第4章　市民マラソンは社会を変えたか　55

わたしの関わった最初の仕事の1つが『全国ランニング大会ガイド』（定価 800円、A5判、288頁）であった。この冊子の裏表紙には「セイコースポーツプリンター CT-816」の新発売の広告が掲載されていた。スポーツウォッチにプリンター機能がついた画期的商品であった。電源はコードレス、次つぎにゴールするランナーの記録をもれなく紙に残すことができた。

ランナーたちは、記録にこだわる人が多い。そのため、ランニング専用の時計の開発が進んだのもこの時期であった。ランナーがゴールしたあと、できるだけ早くに、正確なタイムを記した記録証を渡せるかどうかが、大会の人気を左右するようになっていった。この時期は、参加人数が 3,000名とか 5,000名の規模の大会（青梅マラソンクラスの大会）は、ビデオ撮影して、そこから氏名、時間、ゼッケンを人力で再生して、記録を確定していったので、2〜3カ月後の忘れたころに「記録証」が郵送されてくることになっていた。多くのランナーが同時にゴールするため、「記録なし」のランナーが続出した大会もあった。パソコンやインターネットが普及する前の時代の話である。『ランナーズ』誌面では、年1回の全国マラソンランキングはとても人気があった（何歳代、何県、フルマラソン何位）。おそらく今も続いていることだろう。

6.　世界の市民マラソンを見てみよう

欧米では「市民公益団体」が主催者である。日本では教育委員会か新聞社が主催者になる。この違いは何だろうか。

ニューヨークシティマラソン（1970年開始）は衝撃だった。

NPO のニューヨーク・ロード・ランナーズ（https://www.nyrr.org）がニューヨークのセントラルパークを拠点として、毎週 10 km などのミニ大会を開催、毎年 11 月第一日曜日にはニューヨークシティマラソンを主催している。この大会は、おもてなし、コース、マラソンエキスポ（ランナーどうしの交流の場）の開催など、時代の先端をいく仕組みをどんどん開発していった。当時のフレッド・ルボウという「ランニング・ディレクター」（代表）の存在が大きかった。国際交流イベントとしての完成度が高かった。バーコード付き「ゼッケン」などイノベーションもあり、記録証にも力を入れていた。世界の大都市の市民マラソンは、この大会を模範にして世界に広がっていった。

56　第2部　まちづくり

　ホノルルマラソンは日本への波及力が非常に大きい大会だった。第1回は1973年12月アメリカ合衆国ハワイ州の州都ホノルルで開催。当時はクリスマス前の「閑散期」対策イベントであった。ホノルルマラソン協会はNPO団体。わたしはランナーズ在職時代、この団体に取材に行ったことがある。その当時の代表者は免税店の社長（女性）であった。その取材のときに印象に残ったのが、この大会のステイタスづくりにかける努力であった。地元の高校生がホノルルマラソンボランティア活動に参加することはたいへんな名誉ということで、就職にも有利になるという。

　また、チャリティ活動としてワイキキの海岸のホテルを拠点に風船をつけて歩く「エイズ」撲滅キャンペーンなども支援していた。

　1980年代のホノルル市ワイキキビーチのホテルは、ほとんど日本資本傘下になっていたころの話である。最後がハワイプリンスホテルの建設であった。

　1980年代後半の日本経済は「バブル」の全盛期であり、企業はそろってハワイにゴルフ場や保養地を、この経済力を生かし、購入していったのだった。このような状況の中、1987年に新雑誌2度目のハワイへの雑誌『ハワイマガジン』の担当として東京とホノルルを行き来していた。

　その際に、わたしは国際社会とはどういうものかを垣間見た思いだった。さまざまな人種が暮らし、働き、そして観光していた。チャリティがあり、ボランティアがあった。ハワイ大学ではワークショップと出会った。

　また、世界中の市民マラソンに参加する国内の人びとがあらわれた。そういう人びとをサポートするために、近畿日本ツーリスト渋谷支店内に「地球を走る会」が設けられた。すると他の旅行会社も追随していった。ホノルルマラソンでは、民間スポーツクラブと旅行会社のツアー参加者が2大勢力で参加者の3分の1が日本人だったこともあった。

　1982年の『全国ランニング大会ガイド』には海外の大会も紹介している。ローマ国際マラソン、ボストンマラソン（4月）、バンクーバー国際マラソン、パリ国際マラソン（5月）、ニューヨークシティマラソン（10月）、ホノルルマラソン（12月）ほかを紹介している。このような各地の大会参加を、「地球を走る会」はサポートしていた。

7. 『ランナーズ』から市民マラソンを見る

走る仲間のスポーツマガジン『ランナーズ』についてその機能と役割について考察する。

「売り」は全国の大会情報を集約していること。ランナーが次にどの大会に出るかを決める参考になる情報が満載されていて、大会の比較、大会へのエントリー、大会参加に向けた練習計画づくりなどに役に立っていた。「地球を走る会」などで海外大会に行けば、その参加者とのつながりができる。同じ大会を目指す仲間づくりの役割もある。

当時は『ぴあ』などの情報誌が全盛の時代で、『ランナーズ』はマラソンに特化した情報誌の機能と役割を果たしていた。共感と安心感、ばらばらに個人で練習するランナーも多かったので、目に見えないつながりをつくる。走る仲間のスポーツマガジンだった。

大会運営がうまくない大会については、大会の「質」の向上をランナー目線でうながすような記事もつくった。だから主催者への影響力もあった。講談社の『月刊陸上競技』やベースボール・マガジン社の『陸上競技マガジン』のような、既存の大手出版社ではなく、独立系（インディ）の会社である。日本には「競技」の専門誌があっても、市民ランナーの情報誌がない、アメリカには『ランナーズワールド』といった情報誌があったこと、その日本版を実現したいという思いが、『ランナーズ』をこの世に登場させた。独立系メディアとしての『ランナーズ』の社会的インパクトはそこにあった。

ランナー自身の生活に役に立つ情報、素人ランナーの食事法、身体のケア、食事の摂り方などなど、「食事」に注目したスポーツ誌は、ほかになかった。そのほか、走り過ぎの防止、夜間のランナーの安全確保（交通事故防止のためのウェアの色や蛍光シールの貼る位置など）など、さめの細かい編集であった。ときには市民マラソンランナーの「マナー」について苦言を呈することもあった。給水コップの扱い、給水ボランティアへの感謝の気持ちのあらわし方などについても記事にした。また、皇居周辺を走るときは右回りか？　左回りか？　衝突防止の議論もあった。人気企画には「私の健康マラソン記」があった。

走らなくなったランナーのマラソン大会への参画（給水ボランティアスタッフの取りまとめ）などもおこなった。わたし自身、青梅マラソンで給水ボラン

58　第2部　まちづくり

ティア隊長として澤乃井（小澤酒造）の近くで10名のボランティアとともに、給水に従事したことがある。これは入社1年目の経験である。内容は、今にして思えば見る、支えるスポーツとしての社会教育・生涯学習的な部分が多かった。

はじめて海外に「出る」きっかけづくりとして、出版社ランナーズはホノルルマラソンのツアーもおこなっていた。多いときは3,000名を日本からホノルルマラソンに送客した。ホノルルマラソンは開催前夜のイベントとしてカーボパーティ（炭水化物を直前に摂取して記録を伸ばす。スパゲッティがたくさん用意されていた）を開く。そこではバッジ交換、Tシャツ交換など参加者が世界のランナーとの交流を深めるツールが用意されていた。走るのではなくボランティアをするために、ホノルルマラソンに参加する世界の人びともいた。もちろん日本人もいた。

『ゆっくり走れば速くなる』という単行本がヒットした。勝敗優先の時代、体育会全盛の時代から「ゆとり」を求める時代へ、時代の空気が変わっていたのかもしれない。

1970年代に、女性のランニング活動の支援のため、外資系企業のエイボン化粧品が「エイボンレディスマラソン」「エイボン女性駅伝」を開催した。これは女性たちの社会参加を支援する意味合いがあった。わたしは1982年ころ、草の根の活動としてエイボン化粧品「レディスランニングクリニック」を代々木公園で開催時にサポートした経験がある。当時は市民ランナーの化粧法、給水や栄養補給、トレーニング方法が確立されず、妊娠中のどの時期までトレーニングしてよいのかなども試行錯誤の時代であった。

一部の競技者から一般市民に「開かれ」はじめた社会との接点となるまさに「草の根」の生涯学習・社会教育活動であると言える。

8.　女性ランナーが市民マラソンを変え、社会を変えた

『ランナーズ』の編集長は創刊当時女性であった。同誌のホームページから、女性のランニングの歴史を概観しておこう。陸上競技の時代、女性が公道を走る人はいない時代から、女性が仲間の一員として走ったり、夫婦で走ったりする形に変化し、そしてそれが世界初の国際陸連公認の女性のみが参加する東京

第4章　市民マラソンは社会を変えたか　59

国際女子マラソンの開催という一大イノベーションにつながった。

《エピソード：「女性ランニング小史」から》以下要約して引用する。

　1960年代。ウーマンリブが世界中に広まった1960年代は「女性の時代」と言われ、とくにアメリカでは女性解放運動が盛んだった。女性自身の個の確立、解放、そして選択の自由を求めるエネルギーが社会に充満し、学生運動や公民権運動もまた活発な、市民運動の時代であった。

　1970年代。名門ボストンマラソンで女性のマラソン参加が当然のこととようやく認められつつあった1970年代、その頂点に輝いたのは日本人女性、美智子ゴーマンだった。日本国内でも、女性市民ランニング黎明期を迎える。女子選手を受け入れはじめた各地の大会でパイオニアの彼女たちはいきいきと走り、そのパワーは、国際陸上競技連盟公認による世界初の女性だけのマラソン大会、第1回東京国際女子マラソン誕生への助走となった。

　1971（昭和46）年、第5回青梅マラソンで、10kmに女子ランナー2名が特別参加〈2月〉。

　【海外】第2回ニューヨークシティマラソンに女性5名が参加〈2月〉。

　1973（昭和48）年、東京オリンピック優勝の裸足の走者、アベベ・ビキラ選手（エチオピア）に魅せられて健康マラソンを始めた「マラソンおばあちゃん」波多野斐（はたののあや）さんが国際高齢者走ロンドン大会に出場。当時66歳。翌74年にはフランス大会、75年には日本大会と3年連続参加を果たした。フランス大会ではフルマラソンの自己最高記録5時間4分5秒をマークした〈3月〉（波多野斐さん1990年に第3回ランナーズ賞受賞）。

《エピソード：「はたののおばあちゃん」は、高田馬場駅キオスクで葛餅を売っていた。アベベの写真をもっていた。『ランナーズ』の社員ではないのに、書店部数調査をやってくれた。このころはみんなで『ランナーズ』をつくろうという気持ちがあった。》

　1976（昭和51）年、第10回青梅マラソン（この大会は30km）に、アメリカから来日した美智子ゴーマンが特別参加。ボストンマラソンの優勝者らしく30kmを1時間57分37秒の好タイムで走り、女子の部優勝を果たした〈2月〉。走る仲間のスポーツマガジン『ランナーズ』創刊号発売〈2月〉。

《エピソード：ランニング人口が急増していく状況を背景に、走る世界の情報

発信基地として、またハウツー誌としての期待と役割を担っての出発だった。創刊号は青梅マラソンの大会会場で販売され、注目を集めた。わずか32頁で大会情報は1ページだった。年間講読料を「前払い」で集めて刊行の資金とした。》

【海外】第80回ボストンマラソンが20カ国から2,200人の参加者を集めておこなわれた。日本人女性では、プロの創作和太鼓集団・鬼太鼓座のメンバー、山本春枝、小幡キヨ子らが参加〈4月〉。ニューヨークシティマラソンが、ニューヨークの5つの地区すべてを走るコースに変更。女子は、美智子ゴーマンが2時間39分11秒で優勝〈10月〉。

1978（昭和53）年、第1回国際女子マラソンがアトランタで開催された。アメリカの化粧品メーカー、エイボンがスポンサーとなりはじめて誕生した女性だけのフルマラソンで、世界歴代20位のうち12人を含む187人が参加。完走者136人のうち、10人が3時間を切り、70人が4時間を切った。日本からはただ1人藤井弓子さんが出場。なお、大会後「女子マラソンを五輪に」が決議された〈3月〉。東京の多摩湖畔で、日本初の女子フルマラソン大会、第1回女子タートルフルマラソン全国大会が開かれた。参加者は49人〈4月〉。《エピソード：主催者は、中高齢者の健康保持増進を目的として1971年に日本高齢走者協会として発足し、1973年に改称された社団法人・日本タートル協会。長生きの象徴である亀（タートル）を団体名に付けているとともに、大会も「スピードを競わない（亀のようにゆっくりでよい）」が大きなコンセプトだった。現在も開催されているタートルマラソンや、その定期的な練習会は、誰もが楽しめることに主眼を置き、女性や障害者の参加受け入れが早かった。》

【海外】ボストンマラソンで鬼太鼓座の小幡キヨ子、2時間52分34秒で6位入賞。タイムは日本女子最高記録〈4月〉。

1979（昭和54）年、第28回別府大分毎日マラソンに、小幡キヨ子が女性では大会史上はじめての出場。当初、九州陸協は女性の参加に難色を示していたが、小幡の熱意に押されて承諾。レース結果は2時間48分52秒、完走者252人中の173位という立派なものだった。市民ランナーたちは女性のマラソン参加を喜んでくれていた〈2月〉。世界ではじめて国際陸上競技連盟が公認した女性だけのマラソンレース、第1回東京国際女子マラソンが誕生。海外からは

美智子ゴーマンを含むトップランナー18人、国内からは、小幡キヨ子、村本みのる、松田千枝、江端和子、下条由紀子ら32人の選手が参加した。選手は全員招待で、国内選手は夏場から合宿を繰り返し、この日に備えた形。優勝はイギリスのジョイス・スミス。2時間39分48秒のゴールだった。日本人トップは村本みのるが7位、2時間48分52秒。当時、日本陸連は女子のマラソン記録を公認していなかったが、事実上の日本最高記録であった〈11月〉。東京オリンピック（1964年）で使われた旧国立競技場をスタート・ゴール。この当時、ロードレースを専門とする陸上競技選手は皆無の日本、各地の陸協や走友会から推薦された"長距離を走れそうな人たち"の中から、出場者が決められた（参照：https://runnet.jp/woman/history/）。

9.　市民マラソンの変遷

　活発化する日本の市民マラソンの変遷についての流れを筆者の視点から以下に整理した。

●**黎明期　1964～1975年**　競技マラソン大会しかない時代。青梅マラソン（1967年3月5日：30km）が市民ランナーを集める。

●**第2期　1976～1982年**　『ランナーズ』創刊（1976年2月）。第1期市民マラソンブーム。各地に自然発生的に「走ろう会」が誕生、市民マラソンの基盤となった。米国から「ジョギング」「ランニング」ブームが到来。原宿に専門店ランニング・ブティックのアスレティック・アティック誕生。第1回東京国際女子マラソン開催（1979年11月18日）世界初の女性限定のマラソン。「女性に長距離のマラソンは無理ではないか」と言われた時代に終止符を打った。

●**第3期　1983～1990年**　「冠大会」などが急増（1983年ころ）し、大会数が全国で年間1,000大会以上。「横浜国際女子駅伝」（1983年）。ロサンゼルス五輪（1984年）から女子マラソンは正式競技に。スイスのアンデルセン選手が脱水状況からふらふらになりながらの感動のゴール。のちに市民ランナーを集めて長嶋茂雄と対談（フジテレビ）来日。全国各地で大会数が増え過ぎたので、総量規制がおこなわれ（警察と陸連が話し合い）、公道使用の冠大会が規制されていった。1990年12月、市民ランナーによる市民ランナーのための市民ランニング賞として、月刊『ランナーズ』が「ランナーズ賞」を創設。

●**第4期　1991〜2000年**　地域起こしという視点からマラソンが増える。一方、原爆投下された広島から長崎まで平和を訴えながら走る「広島—長崎ピースラン」が、市民ランナーにより実施された。455kmの距離を2都市が被災した8月6日から9日までの4日間で走り抜こうというもの。参加者3名、うち遠藤栄子さん1人が完走（1991年8月）。

●**第5期　2001〜2018年**　女性ランナー増える。1万人以上参加の大規模大会が全国各地で開催される。スキー・ゴルフからランニングへ。東京マラソン（2007年2月）から東京オリパラ2020へ。東京マラソンの完走者は3万5,000人、応援が100万人。2011年から大阪、神戸、名古屋ウィメンズ2万人規模の大会。このように1万人を超える大会が全国各地に。ランニング人口は1,000万人。フルマラソン大会のない都道府県は福井県、三重県のみ（2018年）。

10.　市民マラソンの意義とは—社会の何を変えたのか

　市民マラソンはどうして成功したのか。その背景には、公道を走る人がいなかった時代を変えていったさまざまな人びとの思いがあった。既存のメディアではできない発想力をもっていた『ランナーズ』誌が登場し、その動きを側面から支援した。1975年12月に発足した新しい会社で、わたしが入社した1982年には、いち早く「社員は非喫煙者」を徹底させていた。少人数の会社ではあったが、市民の「公道」を走れるようにしたいという情熱、ニューヨークシティマラソンのような市民マラソン大会の実現にかける情熱に燃えていた。

　ランナーの中には著名なビジネスパースン（社長、経営者）や官僚、作家、ミュージシャンなども「こっそり」参加していた。「健康いちばん、お金はにばん」という精神的に豊かな社会（クオリティ・オブ・ライフ）を築いていくうえでの生涯スポーツ活動としての市民マラソンの誕生と発展は必然だったと思う。

　人生100年時代（「人生100年時代構想会議」：2017年9月）の中で生涯学習・スポーツはこれからの成長産業だ。自分でつくる旅、仲間づくり、交流の機会が増える。練習による「仲間づくり」、練習後の交流（ビールが美味しい）など生活の質の向上という効用もある。その結果として「偶発的な社交」による「無縁・孤独」防止の効用もある。

　①自己成長の実感・助長→生き方、余暇の過ごし方、記録の維持などに関す

る交流機会

②健康・体力の維持推進→生活習慣病の予防、健康等、練習方法に関する学習

③人間関係の促進→家族の人間関係の深化などや地域の仲間づくり

④活力ある地域社会づくり→地域社会のコミュニティ活動、ボランティア活動へ参加

⑤競技能力の開発→大会参加への準備、練習に関する知識・技術などに関する学習

⑥主体的な大会への関わり方→ITを活用した大会エントリーや宿泊手配の情報処理

とはいえ前年踏襲では、なかなか「共感」が得られず、「廃止」される大会も見受けられる。「共感」の時代を市民ランナーは期待する。非日常空間としてのマラソン大会を期待している。

日常の現実は「無縁・孤独」の時代であるからだ。プロ野球ナイター観戦といった娯楽以外に、これだけの規模の参加型での「ムーブメント」はほかにはない。フルマラソン完走者が2014年度で35万人存在する。社会は変わっていったのだ。

非日常として、在住する地域以外を知ること、体験すること、このことは重要である。「ふるさと納税」等を通じて参加する大会を主催する自治体を支援することもできる。走らなくても、ボランティア活動スタッフとして参画もできる。今日では「地域の信頼関係」をつくる「社会関係資本」に結びつく重要な役割を市民マラソンは果たしている。

参考文献

『ランナーズ』（月刊誌）アールビーズ

『全国ランニング大会ガイド』アールビーズ

『女性ランニング小史』アールビーズホームページ（https://runnet.jp/woman/history/）

『社会教育』バックナンバー（月刊誌）日本青年館

第5章　日本の内なる国際化
——その現状と地域における対応

谷岡　慎一

はじめに

　1980年代終わりごろ日本が国際的に貢献することが求められ、学生の間でもそのような雰囲気があったような記憶がある。当時日本は経済規模が拡大し世界最大の経済規模とはならないまでも米国との差が大きく縮まり、国際化は基本的には世界に出ていく日本というイメージの中にあったように記憶している。日本の企業が国際的に活躍し、日本の経済が世界的にも大きなポジションをしめる中で、日本が軍事以外に国際貢献するとしたら、それはODA（政府開発援助）であり、国際開発問題への関与であろうと1988年から1992年にかけて大学生であったわたしは思っていた。とはいえ、国際的な開発問題についての学科を学部で置いている大学はなく、大学院もそのような専攻をもっているところがいくつかある程度であった。

　わたしは就職せず大学院に進学したが、国際開発学会に大学院生部会をつくるということとなり、たまたま友人の誘いでそうした動きに加わることとなった。

　実際、日本のODAは年を追って増加する傾向にあり、ついには世界のトップドナー（世界一の援助供与国）までいたった。こうした中で、医療分野や教育分野など実際的な分野で貢献するNGO（非政府組織）も活躍した。だが、日本のODAは総額から見れば、主にインフラ支援をする円借款（有償資金協力）によるものであった。だが、ひも付き援助批判や被援助国における汚職や人権問題など批判も大きかった。こうした課題を提示するアドボカシー型（政策志向

型）の NGO も登場し、1990 年代後半から ODA 政策のあり方や NGO 支援の
あり方、また世界銀行や IMF（国際通貨基金）などの政策について意見交換を
おこなう、政府と NGO との協議の場（大蔵省〈2001 年より財務省〉・NGO 定期協
議、NGO・外務省定期協議会）が開かれるまでになっていた。今度は、就職し社
会人となり政府の職員としてこうした協議に 2000 年に参加した。

　こうした動きは、日本から外に向けた国際化とそれに伴う調整の動きととら
えることができるが、一方で日本国内も徐々に外国人が増えはじめ、これまで
の戦後のあり方とは違った内なる国際化が課題となってきていた。

1.　日本の内なる国際化

　1950 年代に 60 万人あまりであった在住外国人は 1990 年には 100 万人を超
える（外国人登録者数）。現在、日本に住む外国人は、273 万人（「在留外国人統
計」2018 年 12 月）。1950 年代から 40 年かけて 2 倍近く増えた在住外国人は、
1990 年から 2005 年の 15 年で 200 万人を超えた。とくに、近年増加傾向が続
き過去最高を更新し続けている。

　こうした増加に大きく貢献した契機は、不法就労対策を目的とし在留資格を
整備した 1989 年 12 月出入国管理及び難民認定法（入管法）改正（90 年 6 月施
行）である。そして、1990 年の法務省告示により「定住者」にいわゆる日系
人を入れた[1]。定住者はたとえ非熟練であっても、就労についてはまったく制
限を受けないため、ブラジル、ペルーからの日系人は激増した。制度改正前の
1988 年には 4,159 人（ブラジル）、864 人（ペルー）であったのが、南米からの
ピークの 2007 年には 32 万人（ブラジル）、6 万人（ペルー）といった激増ぶり
であった。また、1993 年 4 月法務省告示「技能実習制度に係る出入国管理上
の取扱いに関する指針」の公布により、開発途上国への技能、技術等の移転に
よる国際協力を目的とした技能実習制度が創設される。アジア諸国からの入国
も増加し、これらの動きにより外国人労働者数は統計がはじまった 1993 年の
10 万人弱から現在の 146 万人（「外国人雇用状況」2018 年）へと十数倍という劇
的な増加を見せた。

　留学についても著しく増加した。1980 年代のはじめには 1 万人あまりで

　1）　高橋［2016, pp. 86-87］.

あったが、1980年代半ばの留学生10万人計画以降日本に留学する外国人は激増した。2004年には10万人を超え、2015年には20万人を超えた。現在（2018年12月）34万人となっている。出身国としては、中国が4割、ベトナムが2割強、ネパールが1割弱とこの3国だけで7割を超える。なお、アジア地域からの留学生は9割をしめている。

こうしたことから、戦後長く在日韓国・朝鮮人（在日コリアン）を中心とするオールドカマーが在住外国人の多数をしめていた状況から、ニューカマーと呼ばれるブラジル・ペルーの日系人やアジア地域から渡日する外国人が増加し日本の在住外国人の多様性が増す状況へ変貌を遂げている。

現在、273万人の在住外国人のうちもっとも多く住んでいるのは、中国（76万人、全体の構成比として28%）、続いて韓国（45万人、17%）、ベトナム（33万人、12%）、フィリピン（27万人、10%）。アジア諸国の人びとの在住が実に8割をしめている。これに続くのが、ブラジル（20万人、7%）となっている。

2. 最近の動向と問題

近年は、歴史的な経緯のある韓国や1990年代に激増したブラジル・ペルーの在住者が減少する一方、中国や東南アジア諸国が激増し、アジアを中心として多様性を増しながら増加していく傾向にある。

資格別に見ると、特別永住者[2]（32万人）と永住者（77万人）を合わせて109万人であるが、特別永住者は年々減少傾向にあるのに対して永住者は増加傾向にある。なお、特別永住者の約9割は韓国である。

また、146万人の外国人労働者のうち、身分に基づく在留資格（50万人）がもっとも多い（身分に基づく在留資格とは、永住者、日系人等が該当）。これに資格外活動（34万人）が続く（資格外活動とは留学生のアルバイト等）。さらに、技能実習（31万人）、専門的・技術的分野の在留資格（28万人）となっている。

先にも触れたが、留学は1980年代のわずか1万人足らずから30万人台へ、技能実習もゼロから30万人台へと大きな増加を見せた。留学も諸外国と比べ比較的長く労働できることが日本を留学先とする要因となっていることなどを

2）特別永住者とは，第二次世界大戦前から引き続いて居住している在日韓国・朝鮮人，台湾人およびその子孫．

第5章 日本の内なる国際化　67

勘案すると、まさに労働を基軸にして日本の内なる国際化が大きく進展してきたことがわかる。

だが、日本では留学生や滞在期間3年の外国人技能実習生という正規の「労働者」でない人びとを外国人労働者としており、都合のいい「使い捨て労働力」としている、とされるケースが頻発している（NHK取材班［2017, pp.14-15]）。

法務省入国管理局の平成29（2017）年版『出入国管理』において、「研修生や技能実習生の受け入れ機関の一部には制度の本来の目的を十分に理解せず、実質的に低賃金労働者として扱うなど問題が指摘」されているが、平成21（2009）年の法改正により在留資格に「技能実習」が創設され入国1年目から労働関係法令等が適用されることとなった。これまで外国人研修制度では労働者と見なされず、実習生を受け入れる企業や団体で労働基準法などが適用されなかったため問題が相次いだ。だが、法改正後も「依然として制度の趣旨を理解することなく、国内の人手不足を補う安価な労働力の確保策として使うものが後を絶たず、その結果、労働関係法令の違反や人権侵害が生じている等の指摘がされる」と政府の白書に記載されている。なお、法務省は技能実習に関し不適正な機関に不正行為の通知をおこなっている。2016年には、239機関延べ383件を不正行為と認定、賃金不払い、脅迫などの人権侵害行為が143件でもっとも多く、不正を隠す書類偽造などが94件でこれに次ぐ（法務省入国管理局［2017, pp.33-35]）。

こうした状況もあり、技能実習の適正な実施や技能実習生の保護を図るべく技能実習法が2017年に施行され、3年から最長5年に実習期間の延長もなされた。

なお、技能実習法において「技能実習は、労働力の需給の調整の手段として行われてはならない」（3条2項）とされている。しかし、「誰もが知っているように、各方面の労働力不足を外国人が埋めるという単なる人材供給制度になって」おり、ほとんどは単純労働者で、住居（寮）と仕事場を往復する毎日で閉鎖的な空間にいて「就業中に多くの日本人と関わることもなく、働く様子が世間の目に触れることもない」との指摘がなされている（芹澤［2017, pp.101, 108]）。

68　第2部　まちづくり

このような課題がありながらも、3年で帰国する実習生は「移民」とはなり
えず、外国人労働者の本格的な受け入れ論議を回避できた、と日本政府にとっ
ての利点を解説するものもある[3]。

3.　内なる国際化と地方自治体

地方自治体においては、国際的な対応の嚆矢は海外との姉妹都市提携であっ
た。長崎市と米国セントポール市との提携が最初（1955年12月）（当時は「都市
縁組」）であり、現在（2018年）、日本の875の自治体が1,732件の姉妹都市提
携を結んでいる。

1989年2月には、自治省から都道府県・政令指定都市に対して「地域国際
交流推進大綱の策定に関する指針」が通知されたが、この通知では、「今後地
域レベルでの国際交流を一層推進していくためには、地域における国際交流を
推進するための大綱を策定し、総合的かつ計画的に地域の国際交流施策を推進
していく必要がある」として、都道府県、政令指定都市に国際交流のためのガ
イドラインの策定を求めた。また地域の国際交流を推進するにふさわしい中核
的民間国際交流組織を「地域国際化協会」として設立することとされた。すな
わち、日本の国際化に伴って、地方自治体レベルでの国際化が政府においても
模索され、政府の指針の通知が起因になって、地方自治体の国際交流について
の体制づくりが各自治体でおこなわれるようになった（毛受［2016, pp.56-58]）。

この1980年代は、近隣アジア諸国からの出稼ぎ労働者も増加しはじめた時
期でもあったが、外国人労働者は脆弱な立場に置かれていた。こうした彼らの
人権に関心をもち支援活動をおこなってきたのは、毛受敏浩氏によれば、地方
自治体よりもNGO（非政府組織）であった（毛受［2016, p.63]）。

たとえば、1980年代以降、市民団体、労働組合、キリスト教教会などが外
国人労働者をめぐるさまざまな問題に対応するために、外国人支援団体を結成
した。外国人への支援者たちは、これらの問題を人権抑圧と位置づけ、社会問
題としていくことを積極的におこなった[4]。

3）　西日本新聞社編［2017年, p.94]．なお，既述のとおり技能実習期間は技能実習法の施行に
　　より3年から5年に延長されている．

4）　山本［2000, p.101]．

そして、1990 年代からしだいに多文化共生という用語が全国的に使われるようになり、2000 年代になると外国人市民が集住する自治体によって、多文化共生は重要な政策としてとらえられ、政策的な対応が必要と考えられるようになる。

2001 年 10 月には 13 都市が集まり日系ブラジル人を中心とする外国人住民が集住している地方自治体同士のネットワークの場として「外国人集住都市会議」が開催され、自治体においても内なる国際化が政策的な課題となった。これは地方自治体における内なる国際化への対応が関係自治体による模索からはじまったことも示している。

2006 年 3 月には、総務省が各都道府県・指定都市に対して「地方における多文化共生推進プラン」を策定するよう通知して、政府として地方自治体に多文化共生政策を求め、2015 年 4 月 1 日現在、全国で 708 地方自治体が策定（都道府県 43 団体、政令指定都市 20）している（毛受［2016, pp.63 64,67-68]）。

このように、地方自治体での国際交流は一部の自治体における外国との都市の交流からはじまった。1980 年代には、日本の国際化の中で日本政府の旗振りで自治体に国際交流協会を設けることが推奨され設置されていった。当時より外国人労働者の課題が存在していたが、これについては NGO が主導的な役割を果たしていた。自治体が政策として内なる国際化に積極的に取り組むのは 2000 年代に入ってからであり、日本政府も内なる国際化を多文化共生という形での対応を推奨していった。華やかな国際交流からはじまった国際政策は、地域内の国際化を踏まえて地に足をつけた形で変化していったのである。

4. 地域における対応

在住外国人の課題は、最初はオールドカマーと呼ばれる在日コリアンが第二次世界大戦後も日本に在住しさまざまな差別的な取り扱いを受ける中で顕在化していった。これを是正していこうとしてさまざまな取り組みがなされ、これらの動きなどによって社会保障制度の適用の拡大や就業の場の拡大などが実現されてきた（田中［2013, pp.136-186]）。80 年代後半からはニューカマーと呼ばれる他のアジア諸国やブラジルやペルーからの外国人の増加により日本の内なる国際化が深化していく中で、さまざまな問題が生起することとなる。現在、

70　第2部　まちづくり

既述のとおり在住外国人は273万人で、日本の総人口の2％が在住外国人であるという時代を迎えている。こうした国際化に伴って、地域では、とくに大都市圏外の地方都市においてはどのような対応がなされたのであろうか。

　兵庫県北部に位置する豊岡市[5]の人口は8万1,228人（2019年6月）であるが、外国籍住民は744人（2019年6月末）となっており、全人口の0.9％と全国平均の半分ほどの割合の在住外国人が居住している。なお、2005年には583人であったから1.3倍と漸増傾向にある（豊岡市の全人口はこの間に1割程度減少）。全国平均ほど内なる国際化をしているわけではないが、国際化は継続しており、地域の人口が減少しているため相対的に存在が大きくなっている。国籍的にもベトナム（179人、全体の構成比の24％）、中国（165人、22％）、フィリピン（146人、20％）、韓国（74人、10％）の順となっており、全国的な傾向と比べてベトナム、フィリピンが多い。また、オールドカマーと呼ばれる韓国が比較的少なく、ブラジル、ペルーといった南米からのニューカマーが現在はほとんどいないという特徴をもっている。むしろ、東南アジア諸国や他のアジア諸国からの在住者が多く新しい多様化の中にある。

　在留資格に基づいて在住外国人を「在留外国人統計」により見てみると、全国では、永住者・特別永住者で4割強をしめ、留学が12％、技能実習も12％となっている。

　豊岡市においては、永住者・特別永住者は28％に過ぎず、留学については4年制大学が存在しないこともあり1％に満たない。一方、技能実習は実に41％存在している。

　全国的には永住等、留学、技能実習の3つが大きな柱となっているが、豊岡市は留学についてはほとんどなく、永住等については全国の構成比と比べ1割以上少なく、技能実習については全国よりも3割近く多い。技能実習生に大きく支えられた「国際化」と見ることができよう。

　こうした状況に対して、四半世紀ほどの経緯を振り返りながらNPO（非営利団体）の対応を中心に見ていくこととしよう[6]。

　5）　豊岡市は，2005年4月（旧）豊岡市，城崎町，竹野町，日高町，出石町，但東町の1市5町の合併により設置された．

5. 日本語教室からはじまった地域の人たちの活動

豊岡における在住外国人に対する支援としては、市町合併（2005 年）前の旧豊岡市の（旧）豊岡市国際交流協会が 1996 年より日本語教室をおこなってきた（現在もおこなっている）。もともと（旧）豊岡市国際交流協会は、1991 年に姉妹都市との交流のために設立されたが、それ以外に草の根交流をしようということとなり、これが日本語教室につながった。

最初は ALT（外国語指導助手）が多く、日系ブラジル・ペルー人の就労者も多くいた。その後、日本語教室の参加者にアジア系の人が増えてきたという。

数年後、国際結婚等によって 20 代・30 代の中国の女性が多く見られるようになった。初婚の人がほとんどであったが、結婚経験のある人もいた。夫は40 代から 60 代であった。経緯はさまざまであるが、仲介業者による結婚もあったようだ。日本人で結婚を望んでいた人については日本人配偶者が得られず、外国人配偶者を選んだということである。それにいたるにはさまざまな理由があるが、「家を継承していきたい」「親の介護をしてほしい」などもあったようだ。

すでに述べたように、（旧）豊岡市国際交流協会は日本語学習を支援してきた。しかし、日本語がわからないために出産や子育て等、生活全般において、支障をきたす在住外国人が増えてきた。日本語学習支援ボランティアは、在住外国人に接する中で、誰よりも彼らの事情を深く理解し、日本語教室だけでなく、さまざまな在住外国人の課題に取り組むべきではないかとの思いを強くするようになった。

また、市町合併後、国際交流協会も旧市町（城崎国際交流協会を除く）の協会が合併し豊岡市国際交流協会として再出発した。その後の豊岡市の行政改革の中でこれまで市が事務局員を雇用し運営していた状態から自主運営が求められ、

---

6) ここでは、NPO 法人にほんご豊岡あいうえおの河本美代子理事長，勝間良枝副理事長，岸田尚子理事長兼事務局長に対するインタビューに基づいて記述しているが，とりまとめの責任は谷岡にある．なお，この 3 人は 2012 年の当 NPO 法人設立当初より理事を務められている．河本代表は日本語ボランティアに長年取り組まれ設立当初より代表を務められ，勝間副理事長は 1996 年から日本語教室に関わるなど当地における日本語ボランティアの草分け的存在で豊岡市国際交流協会理事も務められた．岸田事務局長は，1997 年から 2012 年まで豊岡市役所において豊岡市国際交流協会のとりまとめや調整を担当され，現在は多文化共生マネージャーも務められている．

今後どのように活動していくかについてさまざまな議論がなされることとなった。

6. NPO 法人にほんご豊岡あいうえおの多様な活動

こうしたことを受けて、今後の国際交流協会のあり方について、豊岡市国際交流協会の役員、日本語ボランティア、そして市の職員による協議がおこなわれた。

議論はなかなか着地点を見出せず、2012 年の夏に日本語ボランティアの人びとの間で今後のあり方を話し合うべく会合がもたれた。その会合において最終的には支援の幅を広げるため、全員が同意して新たな団体として NPO 法人を設立することとされた。

NPO 設立を決めたのは、任意団体だと好きでやっていると思われるので社会的に保証のある法人格を取るべきだということ、また任意団体であると責任が代表個人にいってしまうのに対して法人が責任を取れること等の理由によるものであった。また、当時豊岡市において NPO 講座が開催されており、NPO 設立の支援を受けることができたこともこれを後押しした。

そして、2012 年 12 月には、夏の会合で設立に動き出したメンバーが理事となり、地域の支援者も加わり、NPO 法人にほんご豊岡あいうえおが設立された。

協会当時は拠点がなく市の会議室を借りて 2 時間日本語を勉強したら終わり、という感じだった。日本語教室をはじめたころからどこかに拠点をつくり地図に明記することができないことが課題であったという。この NPO をつくっていちばん有効だったのは、拠点ができたことで用がなくても来ることができ、安らぎの場所となっているとのことである。

また、この NPO は驚くほど多様な「社会政策」に取り組んでいる。豊岡市では、在住外国人に対してリビングガイドを発行して、生活全般についての情報を提供しているが、すでにあったやさしい日本語、英語版を除き、中国語（簡体字）、中国語（繁体字）、タガログ語、ベトナム語、タイ語の 5 言語の翻訳協力をこの NPO がおこなった。

さらに、全国的にも知られた取り組みとしては、2015 年の自転車ルール改正における自転車ルールの多言語化対応がある。これは、道路交通法改正で自

転車の危険運転に対する取り締まりが強化された際、その表記が日本語学習者にとって難しかったことから、まずはやさしい日本語に直し、他の言語に翻訳したものである。現在23カ国語版がすでに作成され無料でダウンロードできることから、全国で利用されている。現在はシンハラ語版を作成中である。

子育て支援としては、地元の公立豊岡病院の入院・出産に関する必要事項を翻訳したり、豊岡市役所健康増進課の協力のもと、乳幼児の健診案内やアンケート（4カ月児、1歳6カ月児、3歳児等）や市民健診案内等を多言語化したりしている。また、必要に応じて通訳をおこなっている。

そして、文化庁の委託事業として、①子育てや学校の言葉を学ぶ日本語教室、②豊岡市とその近接する3市2町の日本語教室のネットワーク体制整備、③多文化共生のまちづくりのためのセミナーの開催、④就学前説明会をおこなっている。

さらに、就学前の支援として、外国にルーツをもつ子どもたちに豊岡市の教育施策にある運動あそび等を取り入れ、日本語の支援をおこなっている。

だが、にほんご豊岡あいうえおにとっても外国にルーツをもつ子どもに対する対策はまだまだだという。一方、地域として学習支援を受け入れる体制はできておらず、学校でも支援できる体制ができていないという。外国人が散住している状況のため、外国にルーツのある生徒は学校に1人いるかどうかである中で、学校には日本語の専門家はおらず、外国人も授業に入ってきたらわかるようになるのではという感じで運営されている、と感じている。そのため、いきなり授業を受けるのではなく、ある一定の期間（最初の3カ月だけは）、日本語の勉強をしたほうがいいのではと考えている。

7. 大きなネットワークがもつ力

さらなるこのNPOの特徴は、驚くほどの「顔の広さ」だ。このNPOは日本語教室に来ている外国人だけでなく、地域と交流するお茶会やセミナーを開催することでそれ以外の在住外国人とも関わりがあり、これらを合わせた延べ人数で300人ぐらいの在住外国人と関わりをもっているとのことだ。

また、技能実習生のような外国人労働者に対しても日本語学習支援を40〜50人程度おこなっている。だが、在住外国人の4割が技能実習生でしめてい

ることからすると、日本語教室に通ってくる人数や関わりのある外国人労働者の数はそれほど多くはないと言える。これは、外国人労働者と日本人が交流したりすることが相対的に少ないことを示しているとも言えるだろう。

そして、次のような課題も指摘されている。それは、在住外国人数は市の統計でわかるとしても、外国にルーツのある人が何人いるのか、外国人の子どもの進学率やドロップアウト率、外国人で日本語がわかっている人が何人（どのくらい）いるのか、こうした基本的なデータがない、ということである。

一方、豊岡市も基本構想において、多様性を受け入れることを主要手段として掲げていることもあり、防災や生涯学習等の分野の会議に声がかかるようになったという。地域社会の包摂はまだまだだが、行政も少しずつ理解されるようになっており、地道にちょっとずつ理解が広がっているように感じられている。市内の活動の中に外国人がおり、今後何かやろうとするときに外国人がいるのが当たり前になるようになってほしいとの願いをもっているとのことである。

このように、当初は海外の都市との姉妹都市交流という地方自治体の施策によって国際交流協会が生まれ外との国際化がはじまった。だが、日本語教室の開催を契機として、実際にさまざまな国の人々に会うことにより切実な課題に直面したことを通じて、さまざまな社会問題に対応することとなった。そしてその過程の中で活動の幅を広げ、新たなNPOを立ち上げるまでにいたった。こうした内なる国際化に対し、行政もそれを支援する形で多様化しつつある社会に対応しているとも言える。ただ、20年前と比べてだいぶ良くなっているものの、行政も地域社会もまだまだやるべきことがたくさんあるというのが当事者の意見ということであろう。

おわりに

日本の国際貢献の象徴でもあるODAは、1993年から2000年まで世界のトップドナーであり続けてきたが、2000年代に入って順位を下げ現在は世界第4位となっている（米国、英国、ドイツに次ぐ4位）。順位は下げたが、現在でも世界の中で日本は主要な援助国である。

一方、経済協力開発機構（OECD）は「国内に1年以上滞在する外国人」を

移民と定義している。2015 年の日本への外国人流入者数はドイツ、米国、英国に次ぐ、世界第 4 位となっている[7]。世界的な物差しでは、日本はすでに移民大国である。

だが、日本政府は、労働者はさらに大きく受け入れるものの移民については受け入れないという姿勢を継続することを鮮明にしている。

2018 年 10 月臨時国会において、新たな外国人材受け入れのための在留資格を創設するべく入管法改正案が提出された。国会審議において安倍総理は「移民政策ではない」と答弁したが、事実上の移民政策であるとして野党そしてマスコミから批判され国論を二分する激論となった。結果的には政府与党が押し切る形で 2018 年 12 月 8 日賛成多数により可決成立した。これに対し野党だけでなく新聞各社から強い批判がなされている[8]。

ドイツで外国人労働者を受け入れた際、このようなことが言われたようだ。「労働力を呼んだら、来たのは人間であった。」

現在の外国人にとっても、将来入ってくる外国人にとっても日本の中で共生して生活を送れることが必要である。そこで、入管法改正案可決後の 2018 年 12 月 25 日、外国人労働者受け入れ拡大に向けた特定技能の在留資格に関する基本方針と分野別の運用方針が閣議決定されるとともに、「外国人材の受入れ・共生のための総合的対応策」が外国人材受入れ・共生に関する関係閣僚会議において決定された。この総合的対応策は、外国人材を適正に受け入れ共生社会の実現を図ることを目的として、126 の施策が列挙され関連予算として 224 億円が掲げられ、相談体制の整備や日本語教育の充実・向上など広範な内容のものとなっている。だが、これについても、中身が抽象的でどのように具体化していくのかよくわからないとして野党のみならず新聞各社も強く批判している[9]。

---

7) 『西日本新聞』2018 年 5 月 30 日朝刊（オンライン）「『移民流入』日本 4 位に」.
8) 通常は主張が異なることが多い新聞社において、ほぼ異口同音の批判が社説においてなされている。『朝日新聞』の社説では「出入国管理法の改正は、社会のありようにかかわる大きな政策転換だ。より幅広い国民的合意が求められているにもかかわらず、政府・与党は野党の理解を得る努力を、はなから放棄していた」（『朝日新聞』2018 年 12 月 11 日朝刊）。『産経新聞』の社説である主張では、「国のかたちを大きく変える政策転換を、議論が生煮えのまま強行した。その多くの責任は、安倍政権と与党が負うべきものだ」（『産経新聞』2018 年 12 月 11 日朝刊）。

これまで日本の外国人の受け入れは、技能実習や留学という形での「労働」を主軸とした「移民」であり数年滞在して母国に帰っていくことが想定されていた。そのため、そうした人たちが日本に根づいたり新たな共生社会を形成していくことは政府あげての方針や具体的な政策にはならず、入ってきた外国人のさまざまな問題の対応には、先進的な地方自治体の対応や先駆的な NPO の善意に頼るという形が続いてきた。

外国人受け入れを拡大するということであれば、来た人間を受け入れる社会づくりについても、日本政府には受け入れのための政策を裏づけをもった形で実際に実施していくことが求められている。そして地方自治体においても（先進的に取り組んだ自治体もそうでなかった自治体も）地域の内なる国際化に対して地域の実情に応じたさらなる対応が求められている。

引用・参考文献

髙橋済 2016 年「我が国の出入国管理及び難民認定法の沿革に関する一考察」『中央ロー・ジャーナル』12 巻 4 号.

NHK 取材班 2017 年『外国人労働者をどう受け入れるか──「安い労働力」から「戦力」へ』NHK 出版.

法務省入国管理局 2017 年『出入国管理』.

芹澤健介 2017 年『コンビニ外国人』新潮新書.

西日本新聞社編 2017 年『新移民時代──外国人労働者と共に生きる社会へ』明石書店.

毛受敏浩 2016 年『自治体がひらく日本の移民政策──人口減少時代の多文化共生への挑戦』明石書店.

山本薫子 2000 年「ニューカマー外国人と支援団体との関係形成をめぐって──横浜・寿町を中心に」『日本都市社会学会年報』18 号.

田中宏 2013 年『在日外国人〔第 3 版〕──法の壁，心の壁』岩波書店.

9）『朝日新聞』の社説では「共生策には 126 もの施策が並ぶ．だが詳細は未定・不明なものが多く，準備不足ぶりがかえって際立つ形となった．（中略）（言葉の問題について）外国人が多い自治体や NPO に対応を丸投げしてきた．今回，そうした活動に対する「支援を打ち出したものの，具体的にどんなことを，いかなる手続きで進め，どれくらいの予算を投じるのか，共生策から読み取ることはできない」（『朝日新聞』2018 年 12 月 26 日朝刊），『産経新聞』の社説（主張）では「外国人との共生策をはじめ，126 施策を盛り込んだ．（中略）だが，その詳細や実効性は不明確な部分が多く，急ごしらえの印象である．（中略）制度運用の多くを地方自治体の判断に委ねていることも問題だ．」（『産経新聞』2018 年 12 月 26 日朝刊）.

第6章 NPOの実績を結集した寄り添い型の生活困窮者支援
——複合的な課題を抱える人たちを包摂できる社会へ

川崎　あや

はじめに

　生活困窮者支援は新しい政策分野である。いろいろな実践活動があり政策提言があって、そういう動きを背景に立法措置もおこなわれた。しかしその動きは平坦ではない。政権交代が起こると前政権の政策は打ち消され、新しい政策に置き換えられるといったことがよく起こる。大きな動きの方向は変わらないとしても、現場で活動する人たちはその都度右往左往させられる。こういうことは生活困窮者支援に限らない。税金が投入される福祉の分野では、どこででも見られる光景である。

　ここでは、2013年に成立した生活困窮者自立支援法の前後の動きを、神奈川県内のNPOの取り組みを中心に紹介する。

1.　パーソナル・サポート・サービスモデル事業—さまざまな課題を抱える人への包括的支援

　2010年度〜2012年度の3年間、内閣府のモデル事業「パーソナル・サポート・サービスモデル事業」（以下、「PSモデル事業」）が、全国で実施された。経済的な問題、住まいの問題、就労の問題、家族の問題、精神保健の問題など、さまざまな生活上の困難を抱えた人から相談を受け、支援をおこなうというモデル事業である。

　この事業は、当時の民主党政権下で内閣府参与に就任していた「反貧困ネッ

トワーク」事務局長の湯浅誠氏の尽力によるところも大きい。困窮の背景には
さまざまな課題が複合的に絡まり合い、行政の縦割りの支援やNPO等民間の
個々の支援だけでは解決が難しいことから、「伴走型支援（寄り添い型支援）」、
「包括的支援（ワンストップの支援）」「継続的支援」が提唱されたのだった。

　行政の縦割りに関しては、たとえば、介護サービスを利用している親を扶養
している人が失業し、職も見つからず、貯金も使い果たしてしまった場合、経
済的困窮に対しては生活保護制度があり自治体の生活保護の窓口で相談するこ
とになる。他方で職を見つけるのはハローワーク、老親の介護サービスについ
ては高齢者介護の部署に相談しなければならない。困難を抱えてしまった人の
課題というのは何か1つの問題でとどまることは少なく、さまざまな課題が複
合している場合が多い。その渦中にいる人は、こっちの問題は行政のこの課、
こっちの問題はあの課と自力で的確に判断できる人はほとんどいないだろう。
そもそも行政の縦割り組織を熟知している市民などそれほどいない。行政もそ
れぞれの課の役割の範囲内では支援するが、その人が抱える他の課題は「担当
が違う」と対応できない。せいぜい担当課を伝えるにとどまることが多い。そ
うこうしているうちに状況はますます悪くなっていく。

　実を言うとNPOもまた分野別に活動している。ホームレス支援、就労支援、
高齢者の支援など、それぞれ行政では手の届かない支援をおこなってはいるが、
分野の違う活動をおこなっている団体どうしが連携することはあまりない。複
合的な課題を抱えた人に対して、得意分野以外の支援はなかなかできないのが
実情だった。

　PSモデル事業はこうした縦割りの支援に対して、本人の困りごと全般を受
け止め、その人に寄り添いながら包括的な支援をおこない、問題の解決まで継
続的に支援するという試みだった。また行政だけではなくNPO等の民間とも
連携しながら、行政各部署と民間が連携した支援を実施することが目指されて
いた。そのために、PSを実施する相談室等の窓口が全国に設置されたのであ
る。

　2010年度に全国5カ所からはじまったPSモデル事業は2012年度には全国
29カ所にまで増えた。そしてその多くが地元のNPO等に委託されたのである。

2.　横浜では多くの NPO が連携

2010 年 12 月 24 日、横浜駅から徒歩数分のビルの 11 階に「生活・しごと∞わかもの相談室」が開設された。PS モデル事業の初年度実施 5 カ所のうちの 1 カ所である。

横浜には困難を抱える人を支援する多くの分野の NPO があった。ホームレス支援、DV 被害者などの女性支援、在住外国人支援、若者就労支援、高齢者支援、虐待を受けた子どもたちの支援などである。

複合的な困難を抱える人に対するワンストップの支援を行うためには、1 つの NPO だけでは対応できない。さまざまな NPO 等の民間団体と行政が連携して実施することが期待され、横浜がモデル事業候補にあがったのである。内閣府から打診を受けたのは横浜で活動する社会福祉法人や NPO 法人だった。そして横浜で対人支援をおこなっている NPO 等に声をかけ検討を重ねた。どの団体も複合的な困難を抱えた相談者が増える中で、1 つの団体でできる支援の限界は感じていた。そこで、連携して PS モデル事業を実施することとし、横浜市を通して事業を受託するにいたった。さまざまな NPO 等の連携組織なので当初は任意団体「市民が創るヨコハマ若者応援特区実行委員会」を発足させ、その代表団体で、若者就労支援をおこなっていた NPO 法人ユースポート横濱が、PS モデル事業を受託する形をとった。そして、「生活・しごと∞わかもの相談室」を開設したのである。

横浜ではじまった PS モデル事業は、上記のような NPO のほか、自ら働く場づくりをおこなっているワーカーズ・コレクティブやワーカーズコープ、困窮者等への法的な相談や支援をおこなっていた弁護士会・司法書士会なども協力団体に加わり、30 近い民間団体が連携する体制となった。

3.　生活・しごと∞わかもの相談室

各分野の NPO から、経験豊富で専門知識をもつ人材が、相談員として交代で「生活・しごと∞わかもの相談室」に勤務した。アシスタントとして若手の相談員も雇用し人材育成にも取り組んだ。相談員とアシスタントと事務局合わせて総勢 30 人が、相談に来る人たちの支援にあたった。1 人の相談員が 1 人を担当するのではなく、相談者の状況に応じて、専門分野の異なる複数の相談

員がチームを組んで1人に対応する体制、いわゆる「チーム支援」の体制をとった。

たとえば、相談者の相談内容が、職場を解雇され、会社の寮も追い出され、お金も尽きかけている、身寄りもないというものだとすれば、まず労働問題や雇用関係に詳しい相談員や法律家が職場と交渉したり、雇用保険の失業給付の手続きを支援したりする。手持ちの金がなくなれば、緊急避難としてホームレス支援等の活動をしてきた相談員が生活保護の申請を手伝う。住む家を探す場合も、保証人となる親族等がいなければなかなか借りられないが、住まいの支援をしてきた相談員が、市内の不動産業者とのネットワークを生かして、保証人なしで借りられる物件を見つけ出す。支援する過程で、相談者がメンタル面での課題を抱えているようならば、臨床心理士の資格をもつ相談員が対応し、医療機関や検査機関につなぐこともある。心身の状態や生活が落ち着き、就労を考える段階になれば、キャリア・コンサルタントの資格をもつ相談員が相談にのったり、ワーカーズ・コレクティブ等で就労体験をおこないながら適性を探ったりする。

「生活・しごと∞わかもの相談室」が認知されてくると、横浜市内にとどまらず近隣自治体からの相談も増えた。また、自治体の生活保護担当部署、障害福祉の部署、高齢福祉の部署、児童相談所などからも、「こういう人の支援に協力してほしい」という要請も増えた。教員が生徒の世帯が抱える困窮等の問題で相談してくることもあった。

縦割りの行政機関では、複合的な問題を抱える人に対して包括的に対応することは難しい。NPOも、単独では支援できる領域が限られている。PSモデル事業によってNPOが連携し、行政や関係機関とも協力することで、1人ひとりに包括的に対応するワンストップの支援が可能となった。

こうして、横浜のPSモデル事業は、モデル事業実施期間の2010年12月〜2013年3月の2年4カ月で約800人を支援してきた。この間の2011年10月、PSモデル事業で連携しているNPOが中心になって、生活困難者を包括的に支援する「一般社団法人インクルージョンネットよこはま」を設立し、2012年度のPSモデル事業はインクルージョンネットよこはまとして受託した。

4. 安定していたはずの仕事を失って―困窮の背景

「生活・しごと∞わかもの相談室」に相談に訪れる人たちの中には、すでに手持ちのお金がほとんどない人も少なくなかった。こうした困窮状態に対して、一般の人は「自分はそこまでにはならないだろう」と思っているかもしれない。お金もなく、住む家もなく路上生活しているいわゆるホームレス状態にいたっては、多くのひとたちは、自分がそうした状態になることを想定しないだけでなく、仕事をしようとしない人たち、関わらないほうがいい人たちというイメージもあるのではないか。

しかし、彼らは、必ずしもそういうイメージが当てはまる人たちではない。むしろ、彼らの過去は、どこにでもいる普通の人たちであることが多い。

「寿支援者交流会」の高沢幸男さんは、横浜市中区寿町で長年野宿者（高沢さんは、浮浪者のイメージにつながる「ホームレス」という言葉は使わず、野宿者や路上生活者と表現する）の支援をしている。野宿者を訪問し、相談を受けたり、年末年始には越冬闘争、お盆には夏祭りをボランティアとともにおこなって、野宿者の生活を支えている。

高沢さんは言う。

「世間では、野宿者は不安定な就労をしてきた人というイメージなのだろうが、行政の調査でも、平均年齢59.3歳の野宿者のこれまでの最長職は常勤職員が57.6％、直前職も常勤職員が42％。日雇いなど世間がイメージしているような不安定就労を人生で長くやってきた人は18.5％しかいない。パート・アルバイトなどを加えて非正規雇用に広げても3分の1しかいない。野宿にいたった理由の8割は仕事がらみ。「仕事が減った」が34％、『倒産・失業』が27.1％、『病気やけがで働けなくなった』が19.8％と、非自発的離職がきわめて多い。安定していたはずの仕事を失って、再就職がうまくいかずに野宿になってしまったというのが多い。努力が足りないから仕事に就けないのだと言われるが、現在は20代の人たちの半数も非正規雇用で働いていて、正社員でも長期雇用が保障されない時代。努力をしても単純労働などの仕事はグロバリゼーションで海外に工場を移転してしまって、雇用される場所が減少しているので、結局60歳近

82　第2部　まちづくり

い平均年齢の人は再就職しにくい。年収300万円以下の人が国民の3分の
1をしめる時代。そんな時代に仕事に就けないのは努力不足なのか。努力
の問題ではなく、社会構造の問題だ。」（数値は厚生労働省2012年1月調査に
よる）

5.　個人史の聞き取り─寿支援者交流会の活動
高沢さんは続ける。

　「よく社会復帰しろと言われるが、自分を追い出した社会に戻れというの
のは酷なことだ。社会がやさしい社会に生まれ変わらない限り、そんな過
酷な社会に戻るのは過酷なこと。また、その人が社会に戻ると誰かが排除
されるイス取りゲームが厳然と存在している。」「野宿者の中にはたくまし
く生きている人もいる。アルミ缶を集めて1kg100円ぐらいで産廃屋さ
んに売る、これも立派な労働ではないか。マンションの管理人に頼んでゴ
ミ分別を手伝ってアルミ缶をもらったりしている。また別の人は何件もコ
ンビニを回って頼み込んで周辺の掃除をさせてもらって余ったお弁当をも
らったりもしている。ある年の2月に公園の水道で体を洗っている人がい
た。寒くないのと聞くと寒いと言った。でも今の仕事を年度末までは続け
られそうなので、貧相な格好で家がないなんてわかったらクビになるから
体を綺麗にしているのだと言った。生きるために必死の人がいる。野宿者
に対する目線を変えないと支援はできない」。

　寿支援者交流会では、20年間、野宿者の個人史の聞き取りもおこなってい
る。雑談混じりに個々人の生活史を聞いて、野宿者のイメージが見かけだけで
一人歩きしないようにと、通信で発信している。それとともに状況によっては、
さりげなく生活保護などを勧めてみることもある。
　ある日の聞き取りは60代の男性だった。野宿生活をはじめて15年になると
いう。今は年金があるが、月8万円ほどなので、テントを張って路上で生活し
ている。以前は資産もあったが、友人の連帯保証人になったことで資産も失っ
た様子。生活保護の相談に役所に行ったことはあるが、役所の対応に「行政は

助けてくれない」と感じていた。高沢さんは、年金との併用で生活保護を受給することもできることを伝えたが、男性は、一般の人に迷惑をかけないようにしたいと言う。高沢さんは、生活保護は権利であり誰でも権利保障はされるべきであることや、人間は少しの迷惑をお互いにかけ合うものだということを伝えた。

困窮は決して、不安定な就労をしていることや働こうとしないことによって起こるものではない。ごく普通の生活をしていた人たちが何かのきっかけで、ある日突然困窮状態に陥ることがある。そのときたくましく生きる人もいれば、その状態から抜け出すことができずに半ばあきらめてしまう人もいる。

そうした人たちと目線を合わせて、その意思を尊重しながら、孤立することのないように見守ったり、どのような支援が必要なのかを見極めることが困窮者支援には必要なのである。

6.　パーソナル・サポート・サービスモデル事業の打ち切り

2013 年 3 月、PS モデル事業は 3 カ年のモデル事業の期間を終えた。この間、各地で実施されたモデル事業はそれぞれ成果を出していた。個人や世帯が抱える複合的な課題に寄り添いながら支援することの必要性や効果は十分実証できた。とくに横浜での PS モデル事業は、複数の NPO が連携し、行政のさまざまな部署や機関とも連携する横串の連携モデルとして注目を集めた。

しかし、モデル事業の終了から制度への移行はスムーズには進まなかった。

2012 年 12 月の衆院選で民主党は自民党に敗れ、政権は自民党へと移った。この政権交代で、国の 2013 年度予算編成は大幅に遅れ、PS モデル事業も 2013 年度以降はどうなるのかわからないまま、2013 年 3 月末を迎えてしまったのである。

モデル事業を実施していた自治体の多くは、自治体として独自に予算を組んだり、他の国庫補助金を活用するなどして、何らかの形で PS モデル事業を継続した。そこに支援途中の人たちがいる以上、いきなり支援を打ち切ることはできなかったからだ。しかし横浜市は、モデル事業の終了をもって「生活・しごと∞わかもの相談室」を閉鎖し、事業を終了することを決めた。2012 年末で支援継続中の人は 400 人存在したが、そうした人たちを既存の行政や民間の

84 第2部 まちづくり

支援機関に引き継ぐというのが横浜市の方針だった。しかし、既存の分野別の支援機関では支援できない複合的な課題を抱えた人を支援してきたのが PS モデル事業である。その人たちを既存の支援機関に引き継ぐことには無理がある。

当時、横浜市から PS モデル事業を受託していたインクルージョンネットよこはまは利用者からの「支援を終了しないでほしい」という切実な訴えを受けて、横浜市に再三にわたって事業の継続を働きかけた。利用者自身も横浜市に「何とか今の支援を続けてほしい」と訴えかけた。しかし横浜市の決定は覆らなかった。

そこで、インクルージョンネットよこはまとしては、支援途中の人たちの状況を1人ひとり確認し、切迫した状況をある程度脱している人たちなど他の機関に引き継ぐことが可能だと思われる人は、他の機関に引き継いだ。十分ではないにしても今後の支援をお願いできると思う機関に連絡し、本人とともに同行し、本人の了解も得てこれまでの支援経過を伝えて、今後の支援を託すという作業を1人ひとりおこなったのである。こうして400人中300人は、他機関への引き継ぎや支援終了が可能となったが、100人はどうしても引き継げる他機関が見つからなかった。そこで、その100人については、インクルージョンネットよこはまが自主事業として引き継ぐことにした。行政からの財政的支援もない中で小さな事務所を借り、相談員もボランティアで支援を継続したのである。

7. 生活困窮者自立支援法制定へ

PS モデル事業と並行して、2012年には社会保障審議会に「生活困窮者の生活支援の在り方に関する特別部会」が設置され、2013年1月には報告書がまとめられた。そして、2013年秋の臨時国会で生活困窮者自立支援法が成立し、12月に公布された。施行は2015年4月とされた。

生活困窮者自立支援法は、PS モデル事業を引き継ぎつつも、政権交代によりその性格を異にしたものとも言えた。

PS モデル事業を引き継いだ点は、縦割りの支援ではなく包括的な支援、断らない支援を実施していく必要があるという点であろう。PS モデル事業は内閣府で実施したが、法制度制定に向けて厚労省に所管が移った。厚労省は PS

モデル事業の包括的支援の必要性を強く認識していた。

PSモデル事業との違いは、まずそのシンボル的用語だった「パーソナル・サポート」という用語が消えたことである。そして、支援の対象が「生活保護に至る前の生活困窮者」と困窮者に焦点が当てられた点である。PSモデル事業の対象者は複合的な課題を抱える人たちであり、実際には相談に来る人の多くが、困窮状態かそれに近い状態にあったことはたしかだとしても、生活困窮者に限定してはいなかった。生活困窮者自立支援法では支援対象は生活困窮者と明確に限定されている。さらに物議をかもしたのは、「生活保護に至る前の段階」に対象が絞られ、すでに生活保護を受給している人や世帯は、各自治体の福祉事務所が支援を行うのであって、生活困窮者自立支援法の支援対象ではないとされたことだ。これをもって、困窮者支援をおこなっている団体からは、生活保護受給を遮る水際作戦の1つではないかとも言われた。

2015年4月1日生活困窮者自立支援法の施行と同時に、各自治体（福祉事務所設置自治体。町村部は除く）は生活困窮者に対する自立相談支援事業を必須事業として実施することとなったのである。任意事業として、生活困窮世帯の子どもたちの学習支援事業、就労準備支援事業、家計相談支援事業も定め、必須事業、任意事業それぞれ国庫補助を4分の3～2分の1とした。こうして、2015年度から生活困窮者自立支援法に基づく生活困窮者自立支援制度がはじまることになった。

PSモデル事業を担ってきたNPO等は、生活困窮者自立支援制度の担い手へと移行することになる。

神奈川県では、2013年秋の法制定後すぐに神奈川県が生活困窮者自立相談支援モデル事業を開始し、インクルージョンネットよこはまは2013年度、2014年度と、神奈川県のモデル事業の一部を受託することになった。

PSモデル事業は横浜市が実施した事業であったが、横浜市内に限らず近隣自治体からの利用者もおり、神奈川県としても注目していた事業である。PSモデル事業が打ち切られてから、インクルージョンネットよこはまは、神奈川県に対してもPSモデル事業を引き継げるような事業を要望してきた。神奈川県は法制定とともに生活困窮者自立相談支援モデル事業を開始することとし、プロポーザルで実施団体を公募した。インクルージョンネットよこはまはこの

県のプロポーザルに応募し、神奈川県社会福祉協議会と２団体で分担して実施することとなった。

8.　生活困窮者自立支援制度の開始と官民連携の支援の実現に向けて

　2015 年度からの生活困窮者自立支援制度の開始に向けて、各自治体は準備をはじめた。政令市と一般市は少なくとも必須事業である生活困窮者自立相談支援事業はおこなわなければならない。町村部に関しては県が実施機関となる。行政が直営でおこなうか、民間に委託しておこなうか、方法はそれぞれの自治体に任されていた。

　神奈川県内を見ると、自立相談支援事業を当初から民間に委託する自治体は少なかった。多くの自治体が、生活保護の担当窓口の近くに生活困窮者自立相談の窓口を設置する方式をとった。また、委託したとしても社会福祉協議会などの準公共団体を活用する自治体が多かった。その中で、川崎市と鎌倉市は自立相談支援事業を民間に委託した。インクルージョンネットよこはまは、鎌倉市から自立相談支援事業を受託することとなり、名称もインクルージョンネットかながわに変更した。

　自立相談支援事業を行政が直営で実施することは、メリットとデメリットの背中合わせでもある。行政の縦割りを排した困窮者支援ができるか、という点について、行政が直営で実施するからこそ、行政内の連携がはかりやすいというとらえ方もできるが、一方で、自立相談支援の担当部署という新たな縦割りの部署ができたというだけになってしまう危惧もある。また、民間との連携も不可欠な事業である。各自治体行政がこの事業の趣旨をどこまで理解し、これまでの縦割りを打開して取り組もうとするかにかかっているとも言える。実際、制度が運用されて以降、「そうしたご相談は担当が違います」といった、これまでの縦割り行政の延長線上の域をそれほど出ていないと見受けられる自治体もあれば、この制度をチャンスととらえて庁内連携を推進し、地域の NPO とも協力し合った包括的な支援を実現しようとしている自治体も見られる。

　モデル事業が制度化されることで、全国どこでも誰でも支援を受けることが可能になる。他方で、制度がつくられた背景や理念が十分理解され、その趣旨にのっとった運用がなされないと、制度は生きてこない。制度は、それを生か

そうとする努力やノウハウが必要になるのである。

9. ネットワークの広がり

2017年、インクルージョンネットかながわは、神奈川県内の生活困窮者等への支援をおこなっている4団体とともに「かながわ生活困窮者自立支援ネットワーク」（通称：かなこんネット）を立ち上げた。と同時に、神奈川県が実施している「かながわボランタリー活動推進基金21協働事業負担金」に応募し、神奈川県と協働で「かながわ生活困窮者自立支援ネットワークの形成」事業を開始した。神奈川県から負担金（補助金）の交付を受けて、神奈川県の自立相談支援制度の担当課である福祉子どもみらい局福祉部生活援護課と協力して、ネットワークづくりに取り組むことになったのである。

かなこんネットは、県内の生活困窮者支援をはじめとして多様な分野で対人支援を行う団体のネットワークづくりをおこない、神奈川県生活援護課は県の各部署と県内自治体に呼びかけて、官民連携した生活困窮者の包括的な支援を進めていこうとするものである。生活困窮者自立生活支援制度がどの地域でも効果的に運用されるためには、行政の各部署と民間のNPO等が連携できる土壌や、どういう場合にはどのような支援が必要なのかというノウハウを共有していくことが必要だと考えたのである。

PSモデル事業においてもさまざまな課題が相談として持ち込まれたが、さらに社会状況の変化や地域性を背景に多様な課題が顕在化しつつある。たとえば、子どもの貧困である。子ども自体に収入の格差があるわけではないので、子どもの貧困とはすなわちその世帯の貧困である。そして貧困家庭の子どもが、教育機会や親が抱える困難に巻き込まれることで、大人になっても貧困状態から抜け出せない貧困の連鎖も課題となっている。

高齢の親とひきこもりの中年層の子の世帯の問題も顕在化してきた。ひきこもりと言えば若者の問題と考えがちであったが、40代、50代でひきこもり状態にある人たちも多いということがわかってきた。そして同居する高齢の親の年金のみが親子の生活を経済的に支えているケースも多いのである。このような世帯の問題は、親の年齢と子の年齢にかけて8050問題、もしくは、7040問題と言われる。高齢の親が亡くなれば、子は即、困窮状態になるリスクがある。

かといって、何年も働いていない状態で、すぐに就職して働くということも難しい。年齢的にもキャリアの面でも就職は簡単ではないだろうし、何より社会生活や対人関係にすぐには適応できない。地域の中で人と関わっていくことや、就労体験をとおして就労の道を模索することが必要となる。ひきこもりの背景に発達障害等の生きづらさを抱えているのであれば福祉での対応を考えなければならない。

こうしたさまざまな問題に対して、NPO にとどまらず、社会福祉法人、医療機関、企業などさまざまな主体が、何ができるかを考えていく必要が出てきた。行政も、より広範な分野での連携が必要とされるようになってきた。

かながわ生活困窮者自立支援ネットワークでは、困難を抱えたときに相談できる行政と民間の機関を掲載した「かながわ生活応援サイト」を開設するとともに、県内自治体や NPO が一堂に会して意見交換できる場づくりなどをおこなっている。

多くの人が困窮という問題とは無縁とは言えなくなっている今日の社会で、目の前の困窮者への支援も必要であるが、社会の仕組みそのものも問われてきているのである。

10. 生きるための包括的支援へ

生活困窮者は、複合的な課題を抱える人たちが多く、包括的な支援が必要とされる。現在の日本社会は、格差と分断が進行し、生活困窮者が抱える課題は、まさにその格差と分断を浮き彫りにする。平均賃金の低下、非正規労働の増加、高齢者においては老齢年金の減少や高齢世帯・単身世帯の増加、障害や国籍などによる差別や不利益。こうした格差は拡大している。

共生社会がうたわれつつも現実には分断された社会が進みつつある中で、社会的包摂があらためて問われている。

分断と不寛容な社会で、もっとも深刻な結果となるのが自殺である。バブル崩壊からしばらくたった 1998 年以降、日本においては自殺者が増加した。2006 年に自殺対策基本法が制定され、毎年 3 万人を超えていた自殺者は、2010 年以降減少に転じた。2017 年は 2 万 1,000 人となったが、NPO 法人自殺対策支援センターライフリンク代表の清水康之氏は、年間自殺者数は、他の数

字、たとえば失業率などとは性格が違うことを指摘する。年ごとに失業率が減少した場合、かつて失業状態にあった人が就職し失業状態から脱している可能性もある。しかし、自殺者数というのは年間の人数が減っても、かつての自殺者が生きかえるわけではないのだから、自殺者数は積み上がっていくのである。

　清水氏は、自殺を、決して個人の責任や選択による行為だとすることはできないと言う。自殺にいたるさまざまな要因は、失業や事業の失敗、それによる多重債務や困窮、疾患、いじめなど、個人の意思に反して抱えてしまう要因によるものである。そして自殺者の抱える要因は複数に及ぶことが多いとも指摘する。そしてこれらのさまざまな要因を解決していくことが自殺対策につながると言う。しかしすでに、それぞれの要因に対しては国や自治体の対策が講じられているのである。法律相談やメンタルヘルスなどの相談事業、就労支援、困窮者支援などである。しかしこれらの課題への対応は、それぞれ別個におこなわれており、連携していないことが多い。自殺者が抱えてしまったさまざまな要因に対して、包括的に生きる道を模索できる支援とはなっていないのである。

　実際に、自殺者の遺族への調査では、亡くなった方の70％は、亡くなる前に本人（故人）が専門機関に相談していた。それも44％は亡くなる1カ月以内に相談している。ぎりぎりまで生きる道を模索していた様子がうかがえるのである。

　政策的に見れば、地域共生社会、生活困窮者支援、自殺対策は、その内容がかなり重なり合っている。それぞれの政策として同じことを別のアプローチとしておこなうより、連動させ、包括的支援として機能させることが重要である。

　もっとも深刻な「自殺」への対応力は、他の問題への対応力にもつながるものであり、自殺に対応できるネットワークは地域社会のネットワーク・づくりでもあると清水氏は指摘する。生活困窮者支援も、その根底にあるのは、生きるための包括的支援であると言えよう。

第7章　子どもを守る地域をつくる

和田　佐英子

はじめに

安全安心のまちづくりは、全国一律におこなわれるわけではない。ある地域ではじまった取り組みが、やがてモデルとなって全国に広がっていく。そういうことが何度も起こって、それによって安全安心のまちづくりが進んでいくのである。

戦後日本は、空気と水と安全はタダで、いつでもどこでも当たり前のように手に入れられると考えられた。しかし、1990年代、日本の治安は、徐々に悪化し、警察の検挙率も低下していった時期でもあり、日本の「安全神話」が崩壊した時期でもあった。個人主義的な人びとの志向は一般的となり、地域の絆は薄れ、社会に起こっているさまざまな問題は行政が解決するのが当たり前となった。子どもの安全について、いちばん安全な場であるべき、学校現場でも大都市部では事件が起こったが、それでも日本の地方は、まだまだ安心・安全であると信じられていた。そんな時代に起こったのが、栃木県日光市（旧今市市）で起こった事件である。

2005年、下校途中の小学校1年生の少女が通いなれた通学路でさらわれ殺害されるという陰惨な事件が、奈良県、広島県、栃木県と3件たて続けに発生した。奈良、広島では事件直後に犯人が逮捕されたが、栃木県で起きた事件は、その後何年も、犯人が捕まらなかった。こうした陰惨な事件に直面してしまった当該地域は、長期にわたって不安な時期を過ごした。そのため、地域は団結した。「子どもを絶対1人にしない」「子どもたちを絶対守る」という地域の人たちの強い覚悟と、その総意をうまくまとめ上げ、形にした優れたリーダー

第7章　子どもを守る地域をつくる　　91

シップと地域と学校との深い絆が、地域の子どもたちの安心安全を守っただけ
でなく、社会全体も変えていくことになった。その核になったのが、「大沢ひ
まわりパトロール隊」というボランティア団体の活動であった。この活動は、
他の地域にも大きな影響を与え、形を変えつつ、「子どもを『地域』が守る」
という新たなうねりを作り出した[1]。

　今日では当たり前になりつつある、「子どもを『地域』が守る」という地域
の自主防犯活動は、そのやり方1つで、地域に「コミュニティ感情」をもたら
し、守る人守られる人双方に「安心と信頼の絆」を生み出す、そんな「安心安
全のまちづくり」の原点を提示してくれたのが、日光市今市の人たちであり、
大沢ひまわり隊の人たちであった。

1.　活動の発端となった事件

　発端となった事件は、2005年12月栃木県旧今市市（現日光市）で発生した。
　下校途中に同市の小学校1年生の女児が連れ去られ、翌日、隣の県の茨城県
で無残な姿で発見された。その年の秋には、小学校低学年の女児をねらった同
様の事件が奈良県・広島県でも起こっていた。連れ去られた場所が通いなれた
通学路であり、それも下校途中で事件にあったという事実が、日本中の親たち
を震撼させた。戦後日本国民が共通にもっていた「日本は治安のいい国・地方
は安全」というイメージが崩壊するほどの事件となった。

　事件のあった大沢小学校のPTAは、その日まで、よくある普通の親睦的な
活動をする団体であった。しかし、事件発生直後から状況は、一変した。

　事件発生1週間後に開かれた緊急保護者会は、世帯のほぼ100％が出席した。
この保護者会の席でも、当初は都市部の通常のPTAと同様、学校に関わるこ
とはすべて「なんでも学校や先生にお願い」という意見も若干あったと聞いて
いるが、事態があまりに深刻だったので、保護者会の総意にはならなかったそ
うだ。

　子どもたちは動揺している。親たちももちろん動揺している。小学校の先生

---

1)　本稿は，2007年9月に実施した日本地方自治研究学会全国大会（於尾道大学）での和田佐
　　英子「社会的課題の発生とコミュニティ」での報告とその報告のために関係者・関係機関に取
　　材した内容がもとになっている.

92　第2部　まちづくり

たちもこれほどの深い悲しみ・緊張・不安を経験したことがない。親も先生も、おびえる子どもたちの「日常」を取り戻していかなければならない。親も不安、先生も不安。しかし、先生たちは、子どもたちだけでなく、その親たちも支えていかなければならない。いつものように落ち着いた学校にしなければならない。授業の準備もある。子どもたちの心には、最大限のケアが必要にもなってくる。先生自身も、人の親であり、親としての不安も抱えている。自分の家族を後回しにせざるをえない先生たちもいたそうである。

　こういう混乱の中、これらの人を支え、守り、指導していく立場にあった校長先生の心労は、ほかの人では想像できないほどたいへんであったと拝察される。それ以上に深い悲しみや苦しみや悔しさを抱えていたのは、いうまでもなく、被害者と被害者のご遺族、この人たちを皆で支えていかなければ。その思いは、PTA の総意となった。平穏でのどかなまちは、事件の日から、混乱の渦中に置かれることになった。

2.　保護者は立ち上がる─大沢ひまわりパトロール隊

　そこで、保護者たちは立ち上がる。誰かを頼みにするのではなくて、「まず、自分たちでできることをやっていこう」ということになった。「子どもを絶対1人にしない」をモットーに、自分たちでできることは自分たちで、それでもできないことは地域社会にお願いし、それでも駄目なことは行政に委ねることにした。「自助・互助・公助」の基本的原則を守って活動をおこなうことがPTA 会長を中心にした保護者たちの活動方針となった。

　親たちは、仕事や家事や育児や介護等、日々の生活もたいへん忙しい。その中で、子どものために、毎朝会社に行く前に、また子どもたちの下校時間に合わせて、子どもの送り迎えをするのは至難のわざであった。しかし、犯人がずっと捕まらないし、本当に直接的に子どもの命に関わることなので、それを絶対休むわけにはいかない。

　当時、この地域においても3世代同居は減り、共働き世帯も親の勤務先は市外等通勤時間にかなりの時間を要する人も多くなっていた。近くの工場でパートとして働く人も多く、同じ工場から多くのパートさんが同時に抜ける工場も出てきて、解雇されそうになった人もいたそうだ。事件の深刻さと長期化が、

第7章　子どもを守る地域をつくる　93

保護者の方に大きくのしかかってきた。

　保護者だけでなく、学校の負担も甚大であった。しかし、学校も全力で努力した。事件以降、学校は毎日集団下校をさせ、その登下校には、親たち等の大人が必ず付き添うことにした。先生たちも授業が終了したら、すぐ全員下校させ、親だけでなく先生も「子どもを1人にさせない」ように子どもたちの見守りに尽力した。そのため、先生たちは放課後の指導も、授業の準備等、職員会議を開くことも困難なときができるほど負担が過重になっていった。学校ができることにも限界がある。学校が地域の人に参加してもらい、地域の人に協力してもらって活動していこうと考えたが、学校は意外と地域の結びつきが少なく、地域との連携が困難であることがわかった。

　一方、大沢小PTAの保護者たちはPTAの役員であると同時に、自治会会員等地域のメンバーでもあるので、地域との橋渡し役を果たすことにした。大沢小学校の場合、自治会ごとにPTAの本部役員を出すことになっている。この人たちが中心になって自治会長、婦人会、老人会に働きかけ、地域を巻き込んだ活動にすることに成功した。

　事件が発生したのは、12月1日であったが、15日にはPTA活動にとどまらず、地域の人を巻き込んだ「大沢ひまわりパトロール隊」の設立準備会が開かれた。学校、PTA、地域が協働することによって、「大沢ひまわりパトロール隊」は、そのとき、結成された。

3.　加熱する報道

　事件直後から、連日マスコミで当該地域の様子が報じられ続けた。朝のワイドショーはどの局でも、この事件が報じられていた。緊急保護者会も、子どもたちが親に連れられて登下校する風景も、連日報道された。マスコミの報道合戦は過熱した。不安と大きなショックを受けている子どもたちにカメラやマイクが向けられた。学校の前の通学路に各局のカメラマンの脚立が並ぶ。空には、ヘリコプターが飛んでいた。取材に答えてちょっとした噂話を口にすれば、次の日には全国ネットのテレビで取り上げられる。

　責任のある立場の人がどこかで発言すれば「学校の責任は？　行政の責任は？　○○さんの責任は？」と怒涛のような詰問を浴びせられ、一般からはい

われのない誹謗や中傷を受けかねない。取材のヘリコプターの騒音によって、地域は異常な状況になった。

地域住民は、いつしか口を閉じざるをえなくなった。住民も学校も行政もみんな共通の被害者意識をもった。地域にとってはたいへん悲しいことでもあったが、この共通の経験が、地域社会と学校と行政が一丸となって、問題解決に向けての強い力に変わっていった。容疑者が逮捕されるのにそれから数年以上の歳月を要したため、地域の中の不安や緊張がその後も長い間続いていく。想像した以上に地域を苦しめたのは、実は、マスコミによる連日の取材合戦・報道合戦という、2次的被害であった。

マスコミは、連日、取材合戦・報道合戦を続け、ますますヒートアップしてきた。マスコミの行動は、視聴率が取れるかどうか、大衆が関心をもつかどうかで決まる。そのため、取材される側の人権がなおざりにされることもあった。マスコミの視聴率最優先主義は、過度な取材合戦を繰り広げられたことにあった。一部のマスコミ関係者の中には、あえて混乱を助長するような取材や報道をする人もおり、地域の人たちの不安をあおった。いちばん守られなければならない被害者と被害者家族の人権、それを支えようとする地域の人たちの人権が、無自覚なまま侵害されることが起こった。「下校時の通学路で発生したことなのだから、学校の責任だ！」「校長の責任を問え！」「PTAの会長は、なぜ学校の責任を問わないのか？」等々と叫び、そのいらだちの矛先を校長やPTA会長に向けるマスコミ関係者もいた。社会で何か問題が起こると、その責任の所在を明らかにし、とにかく責任者を責め立てようとする取材傾向が当時もあった。マスコミ関係者も、必ずしもすべて悪意があってそうした報道合戦を望んだわけではなかろうが、それを受け取る側の人たちの苦痛は大きかった。不安と緊張の社会の中では、お互いが疑心暗鬼になり、誰かの一言に、通常では考えられない苦痛を感じた人もいたと思われる。とにかく偉そうな人を責めるのが、一般の視聴者には共感を得やすいと当時は考えられていたのかもしれない。

しかし、この地域の人は、根拠のない報道で誰かを責め立てたり、不安を口にするだけの人たちではなかった。住民たちは、誰かに責任を押しつけるのではなく、自らの力で、自分たちの直面している問題を主体的に解決しようと、

第7章 子どもを守る地域をつくる 95

行動する道を選んだ。相手を思いやり、お互いを信頼し合い、知恵と労力と勇気を出し合って、自分たちの抱える今の問題を解決していこうとした。「自分たちの問題はまずは自分たち」で解決しようとする「自助」と、それでも解決できない場合は、地域の人に助けを求め、地域の人相互で助け合うという「互助」と、それでも解決できないときは地域でも行政にお願いする（公助）を前提に、ボランティア組織「大沢ひまわりパトロール隊」を結成した。

4. ボランティア組織「大沢ひまわりパトロール隊」の誕生

大沢ひまわりパトロール隊の活動は、「子どもを絶対に1人にしない」という方針のもと、登下校の見守り（当初は保護者等の大人による付き添い）が実施された。PTAだけで毎日の送り迎えをやるのはすぐ限界が出てしまう。そこで、これを大沢ひまわりパトロール隊というボランティア団体をつくることによって、さまざまな問題がクリアできるようになった。初代隊長粉川氏は当時の大沢小学校PTAの会長でもあった。粉川氏はPTAの会長としてではなく、あえて隊長として、子どもの見守り活動を実践することにした。

連日の取材合戦や報道のあり方が問題であることは誰が見ても明らかであった。しかし、取材をしている人たちは、自分だけが過剰な取材を絶対しないと決めても、取材競争をしているのでこうした取材合戦を誰も止めることができなくなった。

初代隊長は、マスコミに対して1つの提案をした。この提案がマスコミに受け入れられたことにより、取材合戦によってもたらされた住民の不安や相互不信が解消される方向になっていった。隊長は、地域住民に対する取材を大沢ひまわりパトロール隊の隊長のところに一元化するようお願いした。地域住民に対する個別の取材をやめてもらい、その代わり、必要であれば、隊長がマスコミに地域の情報を提供したり、地域で確認をとって回答することにした。

隊長は、当時大沢小学校PTAの会長であったので、マスコミの側からすると、地域の代表と認識される。しかし、実際の対応はPTA会長ではなく、ボランティア団体の隊長として行動する。そのことは、地域のリスク管理としてきわめて有効に機能する。なぜなら、PTAの会長としての発言は、失言や何かトラブル等があったとき、PTAや学校等に批判の矛先が向きかねない。し

かし、大沢ひまわりパトロール隊はあくまでボランティア団体なので、不測の事態が起きた場合には、辞任等で責任が取りやすいという面がある。また、発言の制約もかなり減ってくるはずである。この対応が、さまざまなメリットをもたらすようになった。

　PTA会長ではなく、ボランティア団体の長として活動することは、「子どもを守る活動」にさらなる希望をもたらすようになる。たとえば、子どもを守るためには、こうした防犯パトロールだけでなく、多様な主体による支援が求められる。行政の協力も必要になってくる。通学路の交通安全問題等を考えれば、通学路の歩道の整備を行政にお願いするとしよう。PTAからお願いすると、市の教育委員会、県の教育委員会からその要望を伝えることになる。県や市に実際に歩道整備をしてもらうためには、教育委員会でその要望が認められ、それが知事部局・市長部局で予算化されなければならない。ところが、ボランティア団体であれば、教育委員会にも要望を出し、知事部局にも市長部局にも、その要望を同時期に直接伝えることが可能になる。

　教育現場の予算としては、登下校の歩道整備の予算請求は間接的な要望になる。しかし、「子どもを守る」こと全般に取り組む知事部局・市長部局からすると、緊急度が高く予算化されやすい。教育委員会としか直接深い関係をもたないPTAと違い、熱心なボランティア団体は、さまざまな担当課と直接関わることができ、それらの活動を媒体として、縦割り行政の弊害を取り除くことも可能になった。

5.　ボランティア団体結成のメリット

　大沢ひまわりパトロール隊は、あくまでボランティア組織としてつくったものなので、大沢小学校PTAだけでなくいろいろな属性をもつ人が参加できる組織になった。活動への参加の有無は、本人が自発的・主体的な意思によるものなので、積極的に活動に参加してくれる人が増える。反対に、自発性が大前提なので、いやになったらやめることもできる。地域の団体を多数巻き込んでいるので、協力者を増やしやすい。また、参加者の年齢・性別・職業等属性がより多様になるので、見守りの方法や時間の決定が柔軟に考えられるようになった。

第7章 子どもを守る地域をつくる 97

　よく言われるボランティア団体の問題点の1つに、団体の継続性の問題がある。ボランティア組織には、燃え上がるときはきわめて大きなパワーを発揮するが、熱が冷めるとすぐ消えてしまうという団体が往々にしてある。しかし、大沢ひまわりパトロール隊は毎日の活動であるにもかかわらず、すでに13年以上も継続している。

　こうした活動の継続性を可能にしたのは、多様な属性をもつ地域の人を巻き込み、1人ひとりの参加者の状況を把握し、参加者にとって無理のない活動に変えていったことによる。自分たちでできることをしっかり把握し、それぞれの団体や個人の限界をよく理解し、地域の人びととの個人情報（生活時間やライフスタイル、その余力）等、コミュニティ内で流通しているそれぞれの事情を十分に配慮し、1人ひとりが参加しやすい仕組みをつくったことがあげられる。たとえば、当初実施していた登下校に大人が必ず付き添うという活動から、登下校の時間に地域の人に散歩や草むしりをしてもらうとか、家にずっといる高齢者は、その時間通学路をずっと眺めてもらうとか、児童への声かけや挨拶運動や、地元をいつも走っている車にパトロール機能をもたせる等、さまざまな工夫がなされた。その結果、日常生活の一部に組み入れることによって、参加者にも無理のない活動に変わっていった。

　子どもの見守り活動を大沢小学校PTAにとどめないで、地域を巻き込んでいったこと、そしてそれをボランティア組織にしたことが、活動の活発化と活動の継続性を担保した。この行動のもとにあるのは、地域には「さまざまな地域集団」が存在するけれど、そこで活躍する住民は「同一人物」であり、「それぞれの個人」は同じ地域の人と「さまざまな形でつながり」をもっており、そのパーソナルネットワークによる「つながり」が、地域に影響を与える。大沢ひまわり隊で生まれたつながりは、さらに強化されていった。平成19（2007）年6月には、「大沢中学校区児童生徒健全育成協議会」が設置された。これは、大沢地区の3つの小学校、1中学校、自治会、行政との連携を図り、地域コミュニティが安心で安全でかつ強い絆で結ばれる活動として展開した。

98　第2部　まちづくり

6. 大沢ひまわりパトロール隊—子どもを絶対1人にしない—に対する評価[2]

　大沢ひまわりパトロール隊の活動は、当初、犯人から子どもを守るために、「子どもを絶対1人にしない」ように、子どもたちの登下校の見守り活動を実施した。地域あげての徹底した子どもの見守り活動は、事件後の日本の地域防犯活動の基本形をつくっていった。とくに、栃木県内での影響は大きく、この活動に倣った防犯パトロールが実施され、全県的な活動となって広がった。この活動は、全国的にも先駆的な活動として、多くの地域自主防犯組織に影響を与えている。

　その後、大沢ひまわりパトロール隊は、大沢ひまわり隊という名称に変わっているが、平成24（2012）年には、「安心・安全なまちづくり関係功労者内閣大臣表彰」を受けるほど、社会的な評価も高い活動になって継続している。

　結成から13年以上たっても、ほぼ毎日活動しているだけでなく、活動の当初から参加した人で今なお参加している人もいる。大沢小学校PTAだった人の中には子どもは卒業した後も自主的にこの活動に参加してくれている場合もある。結成時からずっと子どもたちを見守ってくれた高齢者が今なお活動に参加してくれている人もいる。その後、見守られている立場だった小学生が成長し、今度は地域のお年寄りのお役に立ちたいと思うような温かいコミュニティ感情が地域の中に生まれ、世代を越えて連携し協力しあう心と態勢が生まれてきた。

　不審者の有無を確認したり、その情報を提供したりする活動も実施してきた。車による巡回パトロールも実施してきた。子どもの緊急通知の使用訓練や通学路安全マップの作成等も実施し、小学生の保護者も積極的にこの活動に参加した。大沢ひまわり隊を中心に、地域講習会、地域住民との交流会等、防犯活動にとどまらず、地域と学校、子どもたちとの関係を取りもち、さまざまな活動（農業体験・稲作・そば打ち・花植え等）にもボランティアとして参加し、地域コミュニティの活性化の核としての活動を継続させてきた。

　2）　大沢ひまわりパトロール隊の2018年の活動内容について（出所：www.pref.tochigi.lg.jp/c03/life/bouhan/anzen/documents/6oosawahimawaritai.pdf, 2018年12月7日検索).

第7章　子どもを守る地域をつくる　99

7.　公助の出番

「子どもを絶対1人にしない」活動は、不幸な事件からはじまったが、地域の力による「子どもを守る安心・安全なコミュニティづくり」という観点からすると、大沢ひまわり隊は、先駆的な取り組みとして高い評価を受け続けている。必死で頑張ったのは、地域だけではない。行政（市・県）も教育委員会も県連PTAもさまざまな努力を続けてきた。

栃木県内の他の小学校もPTAも事件直後から、子どもを守る活動に非常に熱心に取り組んだ。たとえば、県内小学校は、「とにかく、下校するときは子どもを1人にしない」ことを目標に、地域全体で防犯に取り組んだ。そして、通学路の再点検、登下校時の安全マップづくり、スクールガードの育成等、いろいろな活動にも積極的に取り組んだ。

県内PTAも、「子どもを絶対1人にしない」という活動だけでなく、子どもの危険回避能力を育てるといった活動にも熱心に取り組んだ。

栃木県としても、「とちぎ教育振興ビジョン」を平成18（2006）年3月に策定した。ここでは、①危機管理体制を見直し、常に危機管理意識をもって日々の教育活動に当たるようにした。②児童生徒自身が危機管理能力を持てるよう安全教育の充実を図った。③学校・家庭・地域社会および警察をはじめとする関係機関の連携を図り、地域ぐるみで児童生徒の安全確保を図っていった。県は、スクールガードの見守り体制を整備し、地域学校安全指導員、すなわちスクールガードのリーダーを県内のすべての中学校区に配置した。

2006年、県警の生活安全部は、不審者情報をパソコンや携帯にメールに配信する「地域安全情報メール」を導入した。2009年には、生安部生活安全企画課に「子ども・女性安全対策班」を設置し、2014年には、「子ども女性安全対策室」に昇格させた。また、2006年には警察OB・OGによる「警察スクールサポーター」を新設し、各地で地域パトロールや、防犯講話をおこなったりした。

8.　悲しみを乗り越えて──「協働」の力

地域の中で、住民の心を激震させるような事態が起こったとき、住民は立ち上がらざるをえない。そういう事態に追い込まれることは、不幸なことである

が、それがゆえに見えてくることもある。だからこそ生まれてくる適切なリーダーシップもある。

　栃木県日光市今市で起こった事件は、不幸の中でも最悪の不幸な事態であった。しかし、だからこそ、地域が知恵を出し合い、一致団結し、お互いを思いやり、協力し合うことが必要であった。他者の状況や能力を図りつつ、多様な主体が協働する知恵が生まれた。これによって、当初想定していなかった副産物が生まれてきたのだ。コミュニティ感情と地域の絆がそれである。今でも多くの課題があることは承知しているが、これほどみんなで真剣に地域のことを想い活動を継続できている地域は、日本の中でもそれほど多くないと私は思う。

　守る人守られる人双方の関わり合いが安心と信頼の絆を地域にもたらしていく。自らのことは自らで解決する、自助が基本である。１人ではできないことは近隣社会の助け合い、互助がそれを補う。大沢ひまわり隊は、このあらわれである。県域といった広い地域では、県・市といった政府機関の役割である公助が必要となる。旧今市市の不幸な事件は、こういった「自助・互助・公助」という歯車を適切にかみ合わせ、「子どもを守る地域」をつくるきっかけとなったと、わたしは考えたい。

参考資料

大沢ひまわり隊（日光市）（www.pref.tochigi.lg.jp/c03/life/bouhan/anzen/documents/6oosawahimawaritai.pdf，2018 年 12 月 7 日検索）

日光市立大沢小学校ホームページ（www.nikko.ed.jp/ohsawa/ 2019 年 7 月 5 日検索）

警察庁生活安全局生活安全企画課編『平成 24 年　安心・安全なまちづくり関係功労者・内閣総理大臣彰』（受賞団体　大沢ひまわり隊）平成 24 年 10 月 11 日（https://www.npa.go.jp/safetylife/seianki55/news/doc/seianki20121011.pdf，2019 年 7 月 5 日検索）

---- コラム② --

特定非営利活動促進法（NPO 法）と子ども劇場の活動

髙比良　正司

　この原稿を執筆した髙比良庄司氏は、子ども劇場創立者の 1 人である。長い間、子ど
も劇場の活動をリードしてきたとともに、また NPO 活動推進のために NPO 法人 NPO
推進ネット理事長として活躍してきた。残念ながら第一稿をいただいて、さあこれから
というときに逝去された。2018 年 10 月のことだった。原稿は遺族のお許しをいただい
て基本データを亡くなられたあとの数字に更新したうえで収録する。

　髙比良さんのご冥福をお祈りします。

（編者）

1.　1998 年 3 月 19 日制定され同年 12 月 1 日施行された「特定非営利活動促進法」（以
下：NPO 法）が今年で 21 年になり、認証数も 51,589 団体となった（2019 年 5 月
末現在）。民間の非営利活動に法人格を付与することによって民間の自発的な社会活動
を活発にさせようとするこの法律は、それまで取得が困難だった公益法人の枠を越え急
速な広がりを見せている。

　実は NPO 法制定に続いて、公益法人法改正の動きが起こり、2006 年から大きな制
度改革がおこなわれた。それまで社団法人は公益性が求められ、それゆえ設立のハード
ルが高かったが、改正によって公益の有無は問われない一般社団法人と、公益性が要件
となる公益社団法人の 2 つに分けられた。一般社団法人は社員 2 人以上で設立できるよ
うになった。一方それまでの社団法人、財団法人は、新制度のもとで公益社団法人、公
益財団法人に移行するために、一定の要件を満たすことが求められた。要件はなかなか
さびしく、移行期限とされた 2014 年度で、2 万件以上の移行申請が出されたが、認可
されたのは合計 9,200 団体（公益社団法人 4,000 団体、公益財団法人 5,200 団体の、合
わせて 9,200 団体）はどだった。

　だが以下では NPO 法制定にいたる諸事情について述べることにする。

2.　NPO 法は 1995 年阪神淡路大震災をきっかけに検討がはじまった。
　それまで民間の非営利活動は適切な法的人格をもつことができなかった。社団法人
や財団法人等公益法人は、行政の判断により 1 業種 1 団体と限定されており、やむなく
株式会社か有限会社等営利目的の法人格を取得するか、任意団体で活動する以外に手立
てがなかった。

しかし、大震災をきっかけにNPOやボランティア・市民団体は、行政にはできない自由で活発な活動を展開し、そうした活動に法人格をもたせることは焦眉の政治的課題となっていった。とりわけわたしが属していた子ども劇場・おや子劇場（760 地域団体・会員50万人）や、芸術・文化団体（劇団・音楽団体・オーケストラ等）の活動は、NPOの中ではいわゆる、「自立事業型NPO」と言われる団体がほとんどであった。「自立事業型NPO」とは、官に頼らず自ら財源を確保し自立性を担保している団体を当時一般的にそう呼んでいた。

こうした事業性の高い非営利のNPOにとっては、組織が社会的に人格をもって活動することは一刻を争う切実な課題であった。

3. 　1995年7月大震災をきっかけに、国会議員とNPOと合同でNPO法制定のための研究会が発足した。国会議員は与党から河村建夫氏〈自民〉、辻元清美氏〈社民〉、堂本焼子氏〈さきがけ〉、また野党からは河村たかし氏〈新進〉、金田誠一氏〈民主〉、山本保氏〈公明〉、吉川春子氏〈共産〉らが参加し、一方NPOからはわたしが参加する芸術文化振興聯絡会議（PAN）をはじめ、日本NPOセンター（山岡義典氏）、シーズ（松原明氏）、さわやか福祉財団（堀田力氏）、全国市民福祉団体協議会（田中尚輝氏）等、当時中心的な役割を果たしていた市民団体や福祉、国際協力、まちづくり等の代表が参加した。

当時NPOに法人格を付与することについては、与党（自民・社民・さきけ）も野党（新進・公明・民主・共産）もおおむね賛成であったが、法律内容については法制上の団体規定（市民団体か非営利民間団体か）や税制上の措置については意見が分かれていた。

与党は名称を「市民活動促進法」とし法人格取得に主眼を置いた。一方野党は税制の優遇措置を最優先すべきとして「市民公益活動促進法」の名称で、対象は少し狭まってもNPOの公益性を最重点にすべきとの主張がされた。しかしいずれも「市民活動」としての枠があり私たち芸術・文化団体は与・野党いずれの表現にも強い違和感をもっていた。

なぜなら「市民」という言葉自体、ボランティア型NPOの延長としてとらえられ、本来のNPO全体から見るとあくまで1分野ではないかと考えたからである。

事実、その後法案が成立すると「市民団体」を中心とする12分野が特定されたが、すぐに矛盾となり、3年後には法改正がされ一挙にNPO全体を対象とした21分野に広がったのである。

もちろん市民団体の多くは、この「市民団体」の名称表現をふくめ「税制措置」よりも法人格取得を主眼とする与党案を支持していた（芸術文化振興聯絡会議〈PAN〉は

特定法案を支持せず）。

　この法律の名称については、その後、国会論議を通じ参議院議員の中に「市民」は反対勢力の表現という理由で反発が強く、結局、わたしたちが主張する民間の「特定非営利活動促進法」と命名することが確認された。

4.　その他もっとも大きな争点となったのは「不特定多数の利益」（公益性）の解釈と「税制の優遇措置」を法律にどう盛り込むかという点にあった。

　この2つの課題は、さかのぼること1966年に創立した「子ども劇場」活動に立ちふさがった障害でもあった。「子ども劇場」は、東京から遠く離れた福岡市で数名の青年と母親によって始まった。当時生の舞台芸術を鑑賞できるのは、多くの児童劇団が所在する首都圏や関西地方に限られ、他の地方は年に1～2回文化庁が助成する学校巡回公演に限られていた。

　こうした地域的条件を克服するには、しっかりとした「会員制」を確立することが不可欠であった。

　また「子ども劇場」では、鑑賞だけでなく自らが参加する自主的な文化活動「自主活動」を2つの対等な柱と位置づけた。これは、年に数回の鑑賞だけでは会の目的である「自主的、創造的な子どもの健全な成長」は到底望めないと考えたからである。

　ところがこの「鑑賞を含む会員制の文化活動」が、その後会員制は共益団体（互助組織）と位置づけられ、社会的に大きな問題となっていくのである。

　もちろん会員制で鑑賞を目的とした団体は、地方でもそれまでいくつか存在していた。しかしそのほとんどは「鑑賞」を目的としており、「子ども劇場」のように「鑑賞」はあくまでも手段であり、自主活動を対等に位置づけたうえで、しかも目的は「すべての子どもの健全な成長」とした高い公益性をもった団体は、きわめて新しい性格をもった組織であった。

　まず当時の一般的解釈は、任意団体の会員制で鑑賞を目的とするから「不特定多数の利益」すなわち公益性を有せず、しかも鑑賞するのだから会費はすべて税の対象（当時は「入場税」が存在しその後「消費税」に吸収）というものもあった。

　その後、会員は1年後に2,000名、5年後に5,000名、10年後には10,000名と急速な広がりを見せ、こうした活動に共鳴する地方の方たちが長崎、広島、岡山などへ次つぎと「子ども劇場」を発足させていった。

　1974年には全国90を超える地域に広がり、「全国連絡会」を結成するにいたっている。そして「不特定多数の利益」の解釈と「鑑賞への課税」の問題は、全国的な共通の課題へと発展していった。

5. まず全国的に取り組んだのは、「子どもに税金をかけるな」という素朴で当たり前の要求であった。その後「子ども劇場」は見るだけの会ではないことが認められ、鑑賞のみを課税対象とする「経費課税」という結論を得た。しかし「経費課税」とはいえ文化活動に税金がかかるという矛盾は変わらず、せめて子どもの活動は非課税にと運動を続けたが、それは単に「子ども」だけの問題ではなかった。

他の芸術団体と話し合ってみると、大人の活動をしている演劇、音楽、舞踊等舞台芸術に関わるすべての関係団体に共通する課題であることがわかった。

「入場税」は昭和12（1937）年に導入され、「文化は贅沢」とした戦時立法であった。その後、全芸術・文化団体が手をつなぐ「入場税撤廃」の活動へと発展していった。

このことをきっかけに生まれた芸術振興聯絡会議（PAN）による取り組みは、繰り返しの働きかけの中でその後多くの人の共感を呼び、「入場税免税点」の引き上げとなっていった。

そしてほとんどすべての芸術団体が免税点以下となって、納税義務から免除されることとなった。前述のようにこの「入場税」は、その後消費税の導入とともに消費税に吸収され実質的な非課税を実現したのである。

しかしもう1つのテーマである「不特定多数の利益」の解釈については、「子ども劇場」が任意団体であり、法的には「人格なき社団」である以上、公益性を認定するのは難しいという意見が主流であった。当時公益団体と認定されているのは、これまで述べたように「社団法人」や「財団法人」等、すべて官が認める団体に限られていた（ほかに学校法人・社会福祉法人・宗教法人等がある）。しかも法人格を取得するには、社団法人で1億円、財団法人は3億円の準備金を必要とした。官が公益性を認め、かつ多額の準備金を要する「公益法人」制度には矛盾がある。どう解決したらいいか。

6. そのころ、世界各国には「NPO」という民間の非営利活動に法的な人格をあたえる制度があることを聞き、1990年NPO先進国と言われるアメリカへ、50名の芸術文化団体代表団を送った。

アメリカではNPOが120万団体も活動しており、しかもそのうち70万団体が公益性を認められ、「税制優遇」がされているのである。参加者はこの規模に驚き、帰国後、地域で活発に活動するNPOに大きな刺激を与えることになった。

しかし明治以来、公益性を官が認定する日本のシステムの中で、NPOを導入する道筋は余りにも困難が予想された。ところがこの事態を一変する事態が起きた。それがこれまで述べた「阪神淡路大震災」である。この震災の中でもっとも活躍したのは、当時のNPOやボランティア団体だったのである。この機運の中でNPOの役割と存在が見直され、法制化に向けての議論がはじまったのである。

コラム②　特定非営利活動促進法（NPO法）と子ども劇場の活動　　105

　ここでやはり最終的に争点となったのは、前述したように、これまで長い間課題として抱えていた「不特定多数の利益」の解釈と「税制優遇」をどうするのかの２点であった。

　人の集まりが「社団」である以上「会員制＝互助組織」にはどうしても矛盾があり、新たな公益概念が必要であった。繰り返しの議論で到達したのは、会員制が問題ではなく、その団体が掲げる目的（ミッション）が特定の人を対象としているかどうかを基準とする考えが、あらためて確認された。当然「子ども劇場」も、公益性をもつ団体と認知され、NPO法人の取得をすることができるようになった。

　また、税制については、衆・参両院の付帯決議として「税制を含めその見直しについて２年以内に検討し結論を得るものとする」ことが確認された。税制については、その後検討が続き、「認定NPO法人」の新設など制度改正により、NPO法人も他の公益法人と同等の税制優遇措置が取られるようになった。

　こうして３年の経過を経て、「特定非営利活動促進法」（NPO法）はこれまであまり例のない全会派一致で成立し、施行されることになったのである。

7.　今振り返ると「不特定多数の利益」の定義と「税制優遇措置」の必要性は、たんに「子ども劇場」だけの問題ではなく、民間の非営利活動全体にとっての共通する課題であったということができる。このように「子ども劇場」の歴史は、そのままNPOの歴史であったと思うのである。

　こうして、民間の非営利組織に対して社会的人格と自主性を認めた新しい制度がはじまったのである。

　もちろんNPO法がはじまって順調に進んだわけではない。

　当初、最大の問題は「NPO法人」取得のための申請が非常に少なかったことである。翌日のマスコミには「NPO　静かな幕開け」（朝日新聞）、「NPO　閑古鳥が鳴く」（読売新聞）と懸念する論調が目立った。

　それからは地方における説明会や公聴会を開き、しだいに理解が広がり、気がつくと20年の歴史を刻んでいったのである。

----- コラム③ ---

NPO法人石巻復興支援ネットワークやっぺす

蜂谷　徹

1. 2011年3月11日14時46分、宮城県男鹿半島沖を震源とするマグニチュード9.0の大地震が発生した。この地震で巨大な津波が起こり、15時30分ごろから宮城・岩手・福島県等の沿岸地域を襲った。津波は東北・関東地方の太平洋沿岸地域に甚大な被害をもたらした。死者行方不明者は合わせて1万8,000人を超えた。石巻市は高さ9メートルほどの津波が襲来し、この震災でもっとも多い3,700人以上の犠牲者が出た。

　地震が発生したとき、兼子佳恵さんは自宅にいた。まもなく真っ黒な海水が家の中に入ってきて、1階部分はあっというまに水没した。いざというときに備えて浴槽にためていた水は、何の役にも立たなかった。3日分の食糧があれば生き延びることができるという知識を頼りに、自宅で寒さと恐怖に耐えていたが、被害の甚大さをこの目で見て茫然とする思いだった。まもなく兼子さんは仲間をつのって石巻復興支援ネットワーク「やっぺす」を起こすことになる。ちなみに「やっぺす」とは石巻の方言で、「いっしょにやりましょう」という意味である。

2. 兼子佳恵さんは宮城県石巻市で2000年に「環境と子どもを考える会」を立ち上げ、子育てに関するあらゆる個別のサポートの実践をおこなってきた。また2010年、震災の前年には全国市町村文化研究所（滋賀県）で開催された多文化共生マネージャーの研修会に参加、そのとき聞いた話に心を動かされ、「災害におけるネットワークの構築〜災害弱者を出さないためには〜」と題する講演会を石巻市で開いた。講師として呼ばれた田村太郎さんは、震災後3月30日に「つなプロ」（つないで支えるプロ集団）を発足させた1人である。「つなプロ」とは、阪神・淡路大震災で活動実績のあるNPOが分野を越えて横につながることで、広域的な対処では見落とされがちなニーズを調査し、専門性をもつNPOにつなげることをミッションとする合同プロジェクトである。そのニーズ調査隊が現地に来訪したとき、土地鑑のある兼子さんと仲間たちが案内役を務め、いっしょに避難所を回った。このとき兼子さんたちは、子ども連れの母親たちが孤立化している状況にあることを知る。このことはのちに子育て中の母親を支援するママ・カフェという形に結実することになる。

　2011年4月には、兼子さんは旧知の母親たちを巻き込んで石巻における「つなプロ」のカウンターパートを務めるようになっていたが、活動の幅を広げるため、同年5月にNPO法人石巻復興支援ネットワーク「やっぺす」を立ち上げた。ニーズ調査に基づく

支援を実行するための受け皿となることを期待された。

3. 8月、コミュニティ形成支援活動「やっぺす隊がやってくる！」を実施。仮設住宅で暮らす人たちへの支援である。石巻市は平成の大合併で1市6町が1つになった。仮設住宅には市内の広範囲の地区の人びとが入居し、新たな隣人としていっしょに暮らすようになったわけである。仮設住宅生活が長引くと人びとは孤立しがちになる。孤立は住民の力を奪う。生活の自立を取り戻すためにはまず交流の機会を設けねばならない。

やっぺす隊は開成仮設住宅に入った。人口7,000人、住宅1,800戸という大規模仮設である。それだけには市内各所から避難しており、見ず知らずの間柄でなかなかうち解けられなかった。市内外から救援物資が届いたり、ボランティアがやって来ても、多くのものを失った人びとは、どうしても受け身になりがちだった。

ところが、たまたまやっぺす隊の人たちも被災者であることが知られると、仮設住宅の住民の雰囲気は変わった。被災者が被災者の支援をしている。そのことを知って、住民は前向きな気持ちを取り戻しはじめたのである。その活動の中から、被災住民が講師となって、手芸や書道、絵手紙教室も開かれた。手工芸講座は、参加費は無料だが材料費は参加者から徴収する形にした。何もかも準備され続けていたら住民の多くは惨めな気持ちになる。本来の支援活動とは、住民力の向上を目指し、支援する人と支援される人との垣根を少しずつ崩していくものでなければならない。

仮設住宅支援の中で出てきたニーズに沿い、公園など公共施設が使えず子どもたちの遊び場が不足する中で、関係する当事者を巻き込みワークショップを重ね、企業の協力を得て、仮設住宅団地近くに「いしのまきわんぱーく」を開設。やがて子育て中の母親を対象にした「おうち仕事」事業や、2013年8月、JR石巻駅前に「カフェ・バタフライ」（現・コミュニティースペースバタフライ）がオープンした。震災の影響で母親たちは行き場をなくしていた。ママ・カフェは親子でいっしょにゆっくり過ごすことができる居場所であり、起業を目指す女性の活躍の場である。やがて利用者が店長も経験できるようにし、イベントもスタッフが企画運営できるようにした。

4. 被災者支援や復興のかなめは外部とのつながりである。外部からのヒト・モノ・カネの流れをいかにつくるか。そのためには日々努力してネットワークをつくることが欠かせない。

「やっぺす」は企業や自治体とのコラボレーションに取り組んでいる。列記すると、女性の人材育成スクール実施（石巻市、日本ロレアル㈱との協働）・民間企業のボランティア受け入れの調整・石巻復興起業家ゼミをふくむ起業家支援事業の開催などがある。

「やっぺす」には県外にも応援団がいる。その1つが「やっぺすの輪」である。「やっ

ぺす」を支援するという1点のみでつながる顔の見える人びとの集まりである。企業人から行政の人びと、大学関係者なども交え、兼子さんが上京する機会をとらえて集まれる人が集まる。また年に一度東京で報告会を開催している。

　企業（イストワール・ボディーショップ）からの仕事に加え、「アマネセール」という装飾品のブランドも立ち上げた。地域の女性たちに「おうち仕事」（内職の仕事）を提供している。

　2013年3月にスタートした「石巻に恋しちゃった♡」事業も回を重ねている。「石巻に恋しちゃった♡」は、いわゆる「オンパク」手法を用いた事業である。「オンパク方式」というのは、九州別府にはじまる「温泉泊覧会」という取り組みのことで、短期間、同時多発的に小規模なイベントを実施する。講師はその道の「達人」として各イベントを開催する。「石巻に恋しちゃった♡」は市民が主役の事業である。実行委員会の発足によって、さらに住民主体となり、ますます最適な形へと成長している。

5. 　被災者支援はどうあるべきか。また復興支援はどうあるべきか。これまで見てきた「やっぺす」の活動の中に、たくさんのヒントが隠されているように思う。地域外の人びととの大きなネットワークをつくること。被災者が被災者を支援するということ。主婦や女性といった経済活動の主たる担い手として見なされてこなかった人びとが、被災を機に立ち上がること、などなど。

　「やっぺす」の特徴の1つは、コミュニティ支援、子育て中の母親の支援のように、一見、復興支援とは無関係のように見える平時の社会課題にもきちんと目を向けていることだ。子育て中の母親は、家庭生活や育児に悩んだり、地域社会から孤立したり、多くの問題を抱えやすい。そのうえ大規模災害に襲われて長い間苦労するとなると、その苦しみは何重にもなる。

　そういうところにも目を向けることがどんなに大切か。「やっぺす」の活動はそれを教えてくれる。

　石巻復興支援ネットワーク「やっぺす」　http://yappesu.jp/
　石巻に恋しちゃった♡　http://ishikoi.com/

---- **コラム④** ---

過疎の村の地域おこし

蜂谷　徹

1. 『奇跡のむらの物語──1000人の子どもが限界集落を救う！』（辻英之編著）は、地域活性化やまちおこしについて、とても考えさせられる本だ。

　この本で紹介されているNPO法人グリーンウッドは自然体験を子どもの教育に活用しようという事業をおこなっている。過疎地域の活性化を目的とする団体ではない。けれどもそれが、小さな村に活力を吹き込み、村の人びとを元気にさせている。

　都市化は産業化に伴って進行する必然的な現象である。19世紀中ごろの日本の人口は約3,000万人で、そのうちの約8割は農村部に居住していた。江戸の人口は120万人ほどだったと推測されている。そのころにくらべて、今日本の人口はおよそ1億2,700万人と約4倍になった。では東京の人口はというと、約1,370万人になっている。単純に比較はできないが、約11倍。4倍対11倍。その差が都市化をあらわしている。

　都市化はほとんど必然的というべき現象であるから、それを食い止めようとする努力はなかなか実を結ばない。人口は4倍になったのに、かつて多くの人で賑わっていた町や村の人口は減少している。半減しているところも少なくない。石川県珠洲市の人口は1950年に3万8,157人だったが、2015年には1万4,631人になっている。その間に市町村合併をしていてもこの数字である。

　これらの数字は、地域活性化が非常に困難な課題だということを間接的に物語っている。しかし地域を仔細にながめると、地域活性化という言葉ではすくい取ることのできない人びとの姿がみえてくる。

2. 長野県下伊那郡泰阜村は、2019年現在で人口1,000人強。東京から車で5時間、国道は通らず信号もない。高齢化率は40％に達する。泰阜村は昔から林業を営んできた山村で、めばしい観光の旦土などもない。その村が毎年夏になると、1,000人の子どもたちで賑わう。名づけて「山賊キャンプ」。主催するのはこの村で活動するNPO法人グリーンウッドだ。

　NPO法人グリーンウッドの活動は1980年代にさかのぼる。当時は子どもをめぐるいろいろな問題が噴出した時代だった。学校では管理教育の激化、校内暴力、いじめ、子どもの自殺が昂進し、地域を見れば塾や習いごとに時間を取られ、空いた時間はテレビゲームに熱中する子どもたちが多く見られた。子どもたちの健全な成長に欠かせないものが失われているのではないか。そういう状況に危機感を抱いた大人たちは多かった。

110   第2部　まちづくり

　梶さち子さん（現・グリーンウッド会長）もその1人である。当時、東京にある幼稚園の教員から長野県野外教育センター（現・財団法人野外教育研究財団）に転職したころで、そこでは東京や名古屋など都市部の子どもを対象とするキャンプの運営に携わった。

　1981年、はじまりは2泊3日のキャンプだった。それが1985年には1カ月のキャンプを実施するようになっていた。管理型ではない、フリープログラム型のキャンプを目指していた。そこから1年間を通したキャンプ生活、すなわち山村留学に進もうとする声が自然に沸き起こった。「暮らしの学校だいだらぼっち」はこうしてはじまった。

3.　募集人数は15名から最大で20名。期間は1年間。共同生活の中では手の届く範囲での自給自足を旨とし、洗濯、掃除、炊事なども子どもたち自身が行う。村の学校に通い、地域へ溶け込むことが大切とされる。そうした暮らしの中での重要なルールは、何事も話し合いで決める。その話し合いは「連絡」と呼ばれる。この「連絡」では、切りのいいところで多数決で決めるという手段はとらない。相談員という大人はいるが、子どもたちの自己決定をサポートするのが目的であり、子どもたちを指導するのではない。問題が提起されたら、子どもたち自身が話し合い、知恵を絞り、皆が納得できる結論にいたるまで話し合って決める。そのため決まるまで1年かかることもあったという。皆が当事者として扱われ、いろいろなことに時間をかけることが当然と考えられている。

　「連絡」だけでなく、風呂焚きも同様である。「暮らしの学校だいだらぼっち」では五右衛門風呂を使う。燃料は薪である。スイッチひとつでは湯が沸かない。マッチで点火することから覚えなければならず、共同生活開始当初は風呂焚きに3時間もかかることがあったという。それだけの時間をかけて子どもたちが身につけるのは、楽ではないことが楽しいという感覚である。「めんどうくさいことが楽しい」と語った子どももいた。逆に言えば、楽なことは楽しくない。手間がかかる暮らしを通じて生活の実感を手にしていること、これが子どもたちに楽しいという感覚を呼び起こさせるのである。

　夏と冬には「信州子ども山賊キャンプ」が実施される。1993年に村との共同事業としてはじまった自然体験教育キャンプである。当初は参加者100人程度だったのが2004年には1,000人を優に超え、協力者であるボランティアリーダーも300人を超える規模にまで育った。一般公募、個人参加という原則は現在まで貫かれている。リピーターの多さ、コースの多様さが特徴である。

4.　当初、村人たちは、村の外から来た「ヨソモノ」がどんな活動をしているのかといぶかしんでいた。しかしキャンプに参加する子どもたちと触れ合ううちに、村人たちも、グリーンウッドに対する見方を変えていくことになる。神社や公会堂などをキャ

ンプ参加者のために開放したり、採れた野菜を提供してくれたり、罠にかかったイノシシの解体作業を見学させてくれたりと、今では地元の「山賊」たちの協力は欠かせないものとなっている。また、グリーンウッドの財政の面からも、山賊キャンプは重大な意味をもつ。2009年度の会計報告では、収入総計約1億円のうち山賊キャンプのみで約4,300万円をしめた。NPOを支える大きな柱である。

　そしてもう1つの大きな事業が「伊那谷あんじゃね自然学校」である。これは村が「だいだらぼっち」の敷地内に施設を設立し、グリーンウッドに運営を委託する官民共同事業として行われている。2002年にはじまった。

　「あんじゃね」とは南信州方言で「案じることはない」「大丈夫」という言葉である。対象とするのは村の子どもたちだ。過疎や少子化が進む村の生活の中、子どもたちの生活体験に足りないものがあるのではないかと憂う声が上がり、その対策として立ち上げられたものである。村に19ある集落には子どもがいないところも珍しくはない。子どもが少なくなると、外で遊ぶことも少なくなる。子ども同士の触れ合いや、大人との触れ合いの中で身につく生活文化の学習機会を喪失しているわけである。

　「伊那谷あんじゃね自然学校」の先生は村の「おじいま」「おばあま」が務める。「土曜学校」として、生活に使う縄をなうこと、熊が生息する森で過ごすのに気をつけることなど、何と蚕の育て方までが教えられてきた。開始から5年後、2007年には、この学校を支える大人たちが「あんじゃね支援学校」という集まりをはじめた。そこでは年間の活動の反省があり議論があり意見交換がある。活動への賛同者も増え、村の教育力も回復されてきつつある。もともとこの村では地域の教育を地域でつくり上げようとする気風がある。地域の課題解決を行政に任せるばかりにはしないという、支え合いと自己決定の歴史が文化として積み重なっている。地域の教育にもそれがあらわれているのである。

5.　「何もない山村」と、長い間、村の人人たちは自分たちの住む村のことを考えてきた。しかし外から村に来た子どもたちの様子から、さまざまな「村の価値」を教えられたように思う。その「村の価値」を大切にして、今では民泊推進団体、農家レストランの運営、野菜のインターネット販売など、さまざまな取り組みがはじまっている。

　そういう中で、NPO法人グリーンウッドは地域経済に大きく寄与している。まずNPO法人グリーンウッドは15人から20人の若者を雇用し、定住させている。山賊キャンプや自然学校の縁で他所から村にやって来た若者が多い。のちに述べるように、彼らはUターンでもIターンでもなく、Sターンと呼ばれている。NPO法人グリーンウッドの年間予算は約1億円だが、その7割ほどは食材費や人件費として地域に還流している。

年来、教育は生産性が低いとされてきた。その教育という事業を通じた地域活性化が機能しているのである。NPO法人グリーンウッドでは地域活性化を「学びあう場を作ること」（＝教育）と定義してきた。それが形となってきているのである。村を出た若者たちがUターン帰村しつつあるのもそのあらわれと言える。また、「だいだらぼっち」の卒業生も村に「帰って」くる例があるという。村の外の出身で、「だいだらぼっち」への参加でグリーンウッドと縁づいて、卒業後に間をおいて泰阜村に帰村する。このケースを代表理事を務める辻英之さんは「Sターン」と表現する。

「支え合い」「共助」「自律」「自己決定権」という、言葉そのものはこのところよく耳にする考え方を、グリーンウッドでは新しい意味合いを含ませて語る。とりわけ個人主義と親和的とされてきたいろいろな概念を捉え直す試みとしても注目される点である。

参考文献

辻英之編著『奇跡のむらの物語——1000人の子どもが限界集落を救う！』農山漁村文化協会，2011.

第 3 部

平　和

第**8**章　平和はうまく教えられているか？
―― 「恵泉の平和学」から「平和の基礎教育」を考える

上村　英明

1.　平和教育はこれでいいのだろうか？

　2018年8月15日の「全国戦没者追悼式」は平成最後の式典になった。翌19年4月の天皇退位が決まっていたからだが、平成最後であるばかりでなく、戦前を知る天皇による最後の追悼式となった。その点、天皇の「おことば」を読み返すと、まさに戦後日本社会における戦争と平和の関係を明確にすることができるようだ。あらためて紹介しておこう。

　　　「本日、『戦没者を追悼し平和を祈念する日』に当たり、全国戦没者追悼
　　式に臨み、さきの大戦において、かけがえのない命を失った数多くの人々
　　とその遺族を思い、深い悲しみを新たにいたします。……戦後の長きにわ
　　たる平和な歳月に思いを致しつつ、ここに過去を顧み、深い反省とともに、
　　今後、戦争の惨禍が再び繰り返されぬことを切に願い、全国民と共に、戦
　　陣に散り戦禍に倒れた人々に対し、心から追悼の意を表し、世界の平和と
　　我が国の一層の発展を祈ります。」(『NHK NEWS WEB』2018.8.15.)

　この文脈で確認する点は、まず「戦没者」とは、「先の大戦」つまり第二次世界大戦（広く見積もっても、「十五年戦争」と呼ばれた時期）に関わって、「戦陣に散り戦禍に倒れた人々」を指している。また「平和を祈念する」理由は、この「戦没者」の追悼が最大の目的であり、これが「戦争の惨禍を再び繰り返さない」という誓いにつながる。

116 第3部 平和

　さて、本稿は、戦後日本社会で展開された「平和教育」（「従来型平和教育」）の再検討を目的にしている。なぜ、再検討を必要としているかの詳細は後述するが、簡単に言えば、戦後日本がいわゆる「先の大戦」から学んだ重要な平和政策・制度が現実に大きく後退しつつあること、また、その土台に戦争を体験していない市民層の拡大と「平和教育」を受けてきたはずのその市民層がその流れに対抗できていないことを懸念するからである。この構造を分析し、課題を明らかにすると同時に、新たな「平和教育」の試みとして、恵泉女学園大学での平和学（「恵泉の平和教育」）の構造と実践をその試論として紹介してみたい。

2.　平和教育を取り巻く環境の変化―5つのポイント

　まず「従来型平和教育」が現在力を失ってきた社会環境を簡単に整理してみたい。ここで整理しておきたいポイントは、次の5点である。

　①戦争体験者の高齢化、いわゆる戦争体験世代の激減である。たとえば、その指標としての日本の総人口における「戦前生まれ」の人口は、2014年総人口の20%を切り、2015年18.8%、2016年18.0%、2017年17.2%、そして2018年には16.4%となった（総務省［2019.4.］〈元号別人口「戦後生まれ」から算出〉）。

　②戦争を知らない世代、とくに「平成生まれ」（1989年～2019年）の拡大がある。「平成生まれ」の人口は、前項の「戦前生まれ」の人口を抜き、総人口に対し、2015年23.8%、2016年24.7%、2017年25.6%、そして2018年には26.5%になった（総務省［2019.4.］）。この世代は、自らが1990年代に生まれたとしても、一般に親世代が1970年代、祖父母世代が1950年代生まれと、3世代にわたって戦争を知らない世代で構成される場合が多く、家族や親族の中でも戦争体験は話題になりにくい。

　③教職員組合の弱体化と学校教育の国家による管理化が進んでいる。教職員組合の「従来型平和教育」における主体としての役割は後述するように大きかったが、1947年に組織された日本教職員組合（日教組）は、1989年に日教組から全日本教職員組合（全教）が分裂するなど、弱体化するようになった（竹内［2011, pp.50-51］）。1958年86.3%であった日教組の組織率は、1976年の56.3%から一方的に下がりはじめ、2017年には22.9%にまで落ち込んでいる。

同じく、全教をふくめた教職員組合全体の組織率も 2017 年のそれは 34.1% である（文部科学省［2018]）。

④学校教育では、教育のあり方に関する法制度の「改正」が 2000 年代に入ると、次つぎと実施された。2006 年の「教育基本法」を皮切りに、教育3法と呼ばれた「学校教育法」「地方教育行政の組織及び運営に関する法律」「教育職員免許法及び教育公務員特例法」が 2007 年には「改正」され、学校の目的の再定義、政府・教育委員会の指導の強化、教員の人事管理の厳格化などがおこなわれた。これは、グローバルな競争社会に対応する迅速で透明な組織運営強化を名目に教育行政機関の権限が拡充され、平和教育という「実践的でない」教育のスペースを縮小させる構造となった。

⑤平和対戦争という概念軸が大きく多様化した。国家間あるいは国家グループ間の戦争や緊張が 1989 年の「冷戦崩壊」によって後退すると、いわゆるテロ国家や国際テログループが戦争の種を撒き、平和を期待された国際秩序そのものに挑むようになった。1990 年の湾岸戦争はその嚆矢であり、ソマリア（1991 年～）、アフガニスタン（1989 年～）などで内戦が激化し、アルカイーダやタリバンなどの過激な国際テロ組織とその犯罪が注目を集めるようになった。2001 年の「9.11 事件」によって、米国は対テロ戦争を宣言したが、その特徴は、本来警察が取り締まるべき「犯罪・犯罪者集団」を軍隊が警察行動として対応する時代に変化した（藤原編［2002. p.11]）。こうした中、国連でも、「平和」の実現の手段として武力行使を強調するようになり、第六代国連事務総長のブトロス・ブトロス＝ガリによって 1992 年に発表された『平和への課題』はその典型例で、人道支援の手段としての「平和創造」「平和構築」「平和強制」などの概念がつくられた。

3. 難しくなった戦争体験を前提とした平和教育

これらの5つのポイントは、さまざまに相互関連している。①戦争体験世代の激減は、当然ながら、②戦争を知らない世代の増加と表裏一体の不可逆的な流れである。これを「従来型平和教育」との関係に焦点を当てると、「戦争体験の継承」には戦争体験者の声とこれに対する共感が不可欠であった。とくに、慰霊の場でもある戦没者追悼式、また広島・長崎の平和祈念式、沖縄慰霊の日

118　第3部　平和

の追悼式を対象とした平和教育は重要な機会と見なされた。しかし、その関連性に絶対的な陰りが見られる今日、いわゆる「戦争体験の風化」はこれまでになく深刻な現象となっている。

　実は、こうした「風化」は、1960年代の末にはすでに問題視されていた。当時の中学生の原爆体験風化を懸念する広島の教師によって、1969年「広島県被爆教師の会」が結成された。そして、長崎の教師を含めて、1971年には「原爆被爆教師の会全国連絡会」が組織されている（竹内［2011，p.31］）。しかし、1956年生まれのわたしもこの時期中学生だったが、戦争の直接体験はなくとも、傷痍軍人は街中におり、親戚の家には戦没者の遺影が飾ってあった。両親にしろ、祖父母にしろ、直接の戦争体験を聞く機会はいくらでもあったと言えるし、実際に聞いていた。その点、先述したように「平成生まれ」世代にとっての「風化」は決定的と言ってよいだろう。

　さらに、戦争を知らない世代は、「従来型平和教育」解体の制度的土台を支えている。現安倍政権を事例に取れば、内閣支持率は、それが低下した2018年3月でも、年代別に18歳〜39歳が49％、40歳〜59歳が41％、60歳以上が38％で、この政権は若者層により強力に支持されている（「YOMIURI ONLINE」［2018.4.2.］）。そして、第一次安倍政権によって、先述したように「教育基本法」が「改正」され、また、第二次・第三次政権によって、特定秘密保護法（2013年）の制定、武器輸出三原則の廃止と防衛装備移転三原則の制定（2014年）、集団的自衛権行使を容認する「国際平和支援法」を含む安全保障関連法案の可決（2015年）がおこなわれた。こうした中、2014年に実施された衆議院議員選挙で、政権与党は大勝するが、その際の20歳代の投票率は32.58％、30歳代のそれは42.09％、40歳代のそれは49.98％と歴代最低であった（総務省HP「衆議院議員総選挙における年代別投票率の推移」）。重要な平和課題に対し、若者世代が無関心だったことも示されている。こうした若者のゆるやかで冷ややかなそして矛盾する保守政権支持の内実を、「政治は助けてくれない」、「自分で何とかするしかない。だから変化を望まない」と『朝日新聞』はまとめている（『朝日新聞』朝刊［2019.7.1］）。

4. 保守化が平和教育の後退をうながす

加えて、若者世代の政治的な保守化による「従来型平和教育」への影響は、政府による③教職員組合の弱体化にも連動している。日本の平和主義の両輪の1つである教育基本法は、1947年に施行されたが、その大きな課題は、戦前に教育を受け、平和教育・民主化教育を実践したことのない教師自身の再教育であった。これを実態的に担ったのが教職員組合であり、その牽引車として、同じ1947年に結成された日教組があり、日教組では1951年の第1回全国教育研究大会から「平和教育」の分科会が設けられるようになる。その他、歴史教育者協議会（1949年発足）、日本作文の会（1950年に日本綴方の会として発足、51年に改称）などの民間組織により、日本の戦後平和教育は推進された（竹内［2011, pp.22-23]）。

これは何を意味しているかといえば、1947年以来文部科学省（当初は文部省）から告示された小・中・高校等の教育内容の規準を定めた『学習指導要領』に「平和」という文字は書きこまれても、「平和教育」という内容は書き込まれなかった。

この点、参議院の藤末健三議員から政府に出された「平和教育」の充実に関する質問主意書に対する2015年9月15日の安倍首相名の答弁書が興味深い。そこでは、「平和に関する教育」の内容が、「中学校学習指導要領（社会科）」を事例に次のように示されている。「（第二次世界）大戦が人類全体に惨禍を及ぼしたことを理解させる」、「日本国憲法の平和主義について理解を深め、我が国の安全と防衛及び国際貢献について考えさせる」、「戦争を防止し、世界平和を確立するための熱意と協力の態度を育てる」ことが政府の視点での平和教育である（質問主意書、第189回国会答弁書、答弁書271号、内閣参質189第271、平成27〈2015〉年9月15日）。

つまり、平和教育（学習）は社会科という科目の結果的な一部分であり、体系的な教育内容として想定されてこなかったということだ。日本は、平和教育に熱心な国の印象をもつが、残念ながら公式に「平和教育（学習）」を学んだ者はこの戦後でさえ誰もおらず、平和教育に熱心な教師に出会った子どもたちがこの点に関して「幸運」だったという以外にない。

120　第3部　平 和

5.　重要な意味をもつ教師たちの実践と政府による平和教育への敵対

　その意味で、教職員組合の教師たちを中心とする主体的な「平和教育」の実践は貴重なものであった。しかし、1950年に朝鮮戦争が熱い戦争として勃発し、新たな戦争の危機が迫ると、「平和教育」は軍国主義への批判を超えて、「逆コース」とも呼ばれた冷戦下のイデオロギー対立に深く巻き込まれ、政治に翻弄されることになった。この動きを先導したのは占領組織であるGHQ（連合国軍最高司令官総司令部）また日本政府であった。すなわち日本の占領方針はこの時期、当初の「非軍事・民主化」から「反共の防波堤」に転換し、この50年には警察予備隊が発足して日本の再軍備が始まった。さらに、翌51年には第二次世界大戦を終結させる対日講和条約が結ばれることになり、すべての交戦国を対象にした「全面講和」か米国を中心とする資本主義諸国との講和を優先する「単独講和」か、さらに米国との安全保障条約締結の是非が激しく議論された。この状況の中で、たとえば日教組は「平和と独立のための教育」（第2回教研大会）をテーマに掲げるが、ここでの「平和」は朝鮮戦争（のちにはベトナム戦争）に対する反対であり、「独立」とは米国による安全保障体制あるいは資本主義陣営からの離脱を意味した。この結果、55年体制と呼ばれたイデオロギー対立の中で、「米国＋資本主義陣営＋保守政権＋文部省」対「ソ連・中国＋社会主義陣営＋革新野党＋日教組」という大きな構造が「平和教育」の中に組み込まれてしまった（竹内［2011, pp.24-26]）。

　この基本構造の中、保守政権や文部省は「従来型平和教育」そのものを敵視するようになり、政治の保守化と教育の管理化が進んで、教職員組合が弱体化すると、「平和教育」そのものが危機的に状況に追い込まれていく構造となっている。

　こうした大きな環境変化の中、私たちは次のような新聞記事を見つけることが難しくなくなった。「平和学習、被爆地で後退。広島平和教育研究所が、広島県内の全小中学校にアンケート調査を行ったところ、平和学習計画のある小中学校は2004年度で24％に過ぎず、1997年度の95％から大きく後退した。同調査では、修学旅行に平和学習を取り入れている学校も2004年18％で、1997年の35％からほぼ半減した。」（『朝日新聞』夕刊［2004.7.31.]）

6. 「従来型平和教育」の限界—平和は胡散臭い？

平和教育を取り巻く環境の変化は先述したが、「従来型平和教育」自身には課題や問題はなかっただろうか。

わたし自身は、恵泉女学園大学で、2001 年度から必修である「平和学」を担当する形で、平和教育に携わってきた。この 10 年ほど導入の言葉は、「平和は胡散臭い」というものだ。そして、この言葉は大学で「平和」について学ぶという授業に戸惑う学生たちに面白い反応を引き起こす。2018 年度春学期に「平和研究入門」を履修した 1 年生のレポートの一部を紹介するが、長年平和教育に携わってきた者として、よく接するようになった意見である。

> 「恵泉に来て、平和研究入門の最初の授業で『平和って胡散臭い言葉だよね』と言われた。衝撃的だった。先生の口からその言葉が聞けただけでも、この授業をとった意味があったと考えている。正直、授業を受ける前はまた平和かという思いがあった。よくテレビや新聞・書籍で目にし、日本では夏に近づくほど盛んに叫ばれる言葉だ。誰だって戦争状態よりは穏やかな日常を望んでいるはずである。平和＝善という感覚だったが、あまりに流行って過剰に多用されているような気がして、少し聞き飽きていたのかもしれない。
>
> 　先生の言われた胡散臭いという表現は、そんな私の思いを言い表していた。平和であれば何でも良いことだという考えしかなかったが、では誰が平和を決めるのか、本当に良いのか。平和の名のもとに行われていることは警戒することなく賛同するが、それは本当に平和のためなのか。……」

（恵泉女学園大学 1 年生）

「平和は胡散臭い」という表現には、2 つの意味が込められている。第一は、この学生のレポートの第二段落に書かれていること「平和の名のもとに行われていることは警戒することなく賛同するが、それは本当に平和のためなのか」という点に関連し、平和教育の環境の変化の⑤平和対戦争という概念軸の多様化を前提としている。つまり、この学生が述べるように、誰だって望んでいる穏やかな日常（安全と安心）を誰も反対できない「平和」だと位置づけ、その

達成のためだと宣言すれば、まったく異なる手段が「平和」の手段となり、その中には武力行使や軍備拡張が容認される事態もある。

　異なる考えや異なる手段が同じ（ような）言葉であらわされる有名な出来事は、2013年安倍首相による国連演説、その後の『国家安全保障戦略』の閣議決定以来、同政権によって「積極的平和主義（Proactive Contribution to Peace）」（第Ⅱ章1節、3頁［2013.12.17.］）が使用されてきた。これに対し、「積極的平和（Positive Peace）」を1959年から提唱してきたノルウェーの、平和学の父と呼ばれるヨハン・ガルトゥングが、「正反対」の意味での使用に警鐘をならしたことだ（「DIAMOND online」［2017.7.3］）。ともかくも、「平和が胡散臭い」第一の理由は、誰も否定し、反対しない概念だけに、まったく異なる内容や手段が同じ言葉で表現されるという「胡散臭さ」である。とくに、戦争の暴力性や理不尽さにある種の体験的な嗅覚が働かない世代に「平和」は崇高な概念であるという教え方には、現在、注意深さが必要だ。

7.　「従来型平和教育」の無意識の惰性

　そして「平和」には「もう1つの胡散臭さ」がある。それは、「従来型平和教育」が戦後もってきた無意識の構造だと言ってよい。先述の学生は、その感覚を「また平和か」「平和＝善」「少し聞き飽きてきていた」と表現し、その内容は「夏に近づくほど」「テレビや新聞」などで叫ばれる、被爆体験、従軍体験、空襲体験、それも「終戦」の前後にまつわる悲惨で過酷な戦争体験の反復学習である。反復学習される平和の価値は「善」であるから、絶対的に正しいことが繰り返され、反論・異論は否定される。残念ながら、受ける学生にとって「平和教育」は、知識偏重教育や偏差値教育と同じ「押しつけ」や「抑圧」構造をもっている。

　教職員組合によって「教え子を再び戦場に送るな」をスローガンにはじまった「従来型平和教育」は、冒頭の天皇の言及と同じように、教師の反省と痛恨、そして鎮魂を土台に、第二次世界大戦の「日本人」が経験した悲惨で過酷な戦争体験を学ぶことであった。それは、戦争への怒りと憎しみ、嫌悪感を体感することによって、平和を尊ぶ心を育てようとした。1970年代までは、「平和教育」の主流はこれであったし、その流れはテレビや新聞、雑誌の中では、今日

でさえ主流であると言える（竹内 [2011, p.37]）。そのためには、戦争体験者に直接話を聞くことが重要であり、学校では貴重な戦争体験をもつ「語り部」がいる広島、長崎、沖縄への就学旅行が重要な「平和教育」の機会となった。また、テレビや新聞などのメディアは、毎年新しい戦争体験者の「発掘」に奔走したし、70年代以降に広がった自らの生活する地域で、戦争体験の聞き取りや戦争遺跡の調査学習をおこなう平和教育実践も同じ枠内にある（竹内 [2011, p.35]）。敗戦時の体験を繰り返し、しかも感情として学ばせようとした「平和学習」の問題点を、竹内は次のような若者の新聞投書で紹介している。

　　「若者は平和問題に無関心だといわれるが、原因は平和教育の内容にあるのではないか。中学まで受けてきた平和教育は『戦争は悪い』というだけで『なぜ悪いのか』を考えさせてくれる先生は、ほとんどいなかった。そのため、まじめに考える人を除いて、多くは『よくわからないが、戦争は悪いものらしい』という認識だけが植え付けられる。（中略）平和教育とは、なぜ戦争が悪なのかを、自分の頭で考えさせるものだと思う。戦争とは何かを考えさせる。そういう教育をせずに、平和を叫んでいるだけなら平和など来るはずもない。」（朝日新聞朝刊、2004年11月18日、19歳予備校生）（竹内 [2011, p.5]）

　この投書者やわたしの講義を履修した学生の意識を前提にすると、戦争体験がまったく遠い世界になり、学校や教師が余裕をもてず、「平和と戦争」の概念が交錯し、多様に映る若者たちに、敗戦の体験を繰り返し「平和＝善／戦争＝悪」と感情的に学ばせようとする「平和教育」が「胡散臭い」と映っても不思議なことではない。宗教の勧誘に似ているかもしれない。そして、「従来型平和教育」の原点である戦争体験者が激減する中、「戦争体験の風化」を嘆くという問題意識だけでは、平和教育が浸透していないという問題の本質に迫ることにはならないと考えられる。
　とくに、投書者が述べているように、現在の若者の中にも「まじめに考える人」はいて、「従来型平和教育」にも理解を示す。しかし、多くの若者には平和教育の内容が未消化であり、それは平和への無関心につながる。「従来型平

124　第3部　平 和

和教育」はこうした難しい状況の中で一定の理解に達した若者たちを平和教育
の成果と称賛するが、理解あるいは実感できなかった若者たちの「多く」は平
和教育でも切り捨てられる。つまり現在「従来型平和教育」は、無意識の「平
和のエリート教育」になっており、平和が普遍的価値であれば、むしろこの環
境の中で平和教育に付いていけなかった若者たちにどうつながるかが問われる
課題だろう。

8.　新しい平和教育は「平和のエリート教育」でいいのか？

　先述の問題意識は、1980年代から平和教育に携わる教師の間でも共有[1]さ
れるようになり、竹内の整理に従えば、2つの方向で改善が試みられた。第一
に、被害体験の狭さに、「加害」を対置させ、さらに「加担（戦略的協力、傍観
等）」、「抵抗（非協力、反戦等）」を加えて戦争の実相を多面的に学習しようとい
うものである（竹内 [2011，pp.40-42]）。この「多面的平和教育」は、1982年に
日本の戦争行為が「進出」か「侵略」かの教科書問題が起こり、外交問題と
なったことで、「歴史教科書」に加害行為を含める流れが生まれるようになっ
たことにも強い影響を受けた（竹内 [2011，pp.37-38]）。

　第二に、今日「包括的平和教育」と呼ばれるもので、用語としては1980年
代の米国の平和教育学者ベティ・リアドンに、また考え方としては先に紹介し
たヨハン・ガルトゥングの1960年代以来の平和理論に依拠している。簡単に
まとめれば、ガルトゥングは、「平和」の対概念を「戦争」ではなく「暴力」
であるとし、「直接的暴力」「構造的暴力」「文化的暴力」と分類した。そして、
「戦争」を含む「直接的暴力」のない状態を「消極的平和」、「構造的暴力」や
「文化的暴力」のない状態を「積極的平和」と定義した。この考え方によれば、
平和教育の射程は、開発教育、環境教育、人権教育、国際理解教育、多文化主
義教育などに広がることになる。

　しかし、2つの視点とも順調に「従来型平和教育」の改善に貢献できたわけ
ではない。まず、「加害・加担・抵抗」を組み込む「平和教育」は、1990年代

　1）　1950年代に勝田守一は戦争体験の中に「侵略の罪」を指摘しており，歴史教育者協議会の
　　　実践紹介の中に，1960年代から加害（南京大虐殺，「従軍慰安婦」，松代大本営，花岡事件な
　　　ど）の紹介が取り上げられている（竹内 [2011，p.39]）.

に入ると「自虐史観」とレッテルを貼られ、これを否定する組織が民間レベルでも次つぎと立ち上げられた。「自由主義史観研究会」（1995 年発足）、「新しい歴史教科書をつくる会」（1997 年発足）、「日本会議」（1997 年設立）などである。これらの団体は、教科書の市販（2001 年～）、動画配信サイトの経営（「日本文化チャンネル桜」2001 年～）、電子マガジンの発行（『言志』2012 年～）など、「ふつうの市民」を対象に既存のメディアを通さない広報活動を積極的におこなってきた。こうした勢力の「従来型平和教育」は自虐的であると同時に「反日」であるという一方的なプロパガンダが社会にまき散らされた。それが学校に広がると、本来平和教育を快く思ってこなかった教育行政組織によって、とくに加害・加担・抵抗などを統合的に扱う平和教育は、教育の「中立化」の原則を犯した偏向教育としてバッサリと切り捨てられてしまう。

　第二の「包括的平和教育」は平和教育の重要な方向性であることは異論の余地がない。文部科学省も日本の戦争責任に言及しない限り、つまり「かわいそうな人びとに日本人が理解を示し、手を差し伸べる」という文脈である限り、これを推奨することは先の質問主意書にも見られた。他方、大学以上の平和に関する高等教育の流れも、グローバル化の中で複雑に構造化した地球的課題への理解として、この「包括的平和教育」を志向している。

　たとえば、国際的に有名な英国のブラッドフォード大学の「平和コース」には、国際紛争の解決、開発と平和学、国際政治と安全保障のようなテーマが並ぶ。日本で、恵泉女学園大学とともに「平和学」の修士号が取得できる広島市立大学のそれも「国際学研究科」のもとに置かれ、国際関係論、国際政治学、近現代史、安全保障論、紛争解決論という専門分野の学びの成果である。そして、この「包括的平和教育」の目指す人材とは、国際公務員、議会スタッフ、人学など高等教育機関での教員、国際 NGO の活動家などもう 1 つの「平和のエリート」育成である。ブラッドフォード大学は明確にこれを目指しており、広島大学の「平和科学研究センター（1975 年設立）」、「平和構築人材育成センター（2011 年設立）」の目的も同じ志向である（上村［2018, p. 8]）。さらに、大学や学会が出版する平和教育の教科書のほとんどが多くの「平和課題」「地球的課題」の「寄せ集め」であることも、この「包括的平和教育」のある種の表現にほかならない。たとえば、『はじめて出会う平和学』（2004 年）、『新・平和

126　第 3 部　平　和

学の現在』(2009 年)、『平和学を学ぶ人のために』(2009 年) も典型なケースで、
その構造的問題を児玉克哉は次のように表現している。

　　「平和を教えることは容易ではない。国際政治学、社会学、経済学、物
　理学、工学、心理学、教育学、哲学、歴史学、文学など広範な分野の学問
　が関わっており、講義のテーマは分散・分裂してしまうか、1 つの分野に
　偏ったものになるかのいずれかになりがちである。」(児玉ほか [2004,
　p.i])

　そして、竹内も、平和教育の中に開発教育、人権教育、環境教育、国際理解
教育などが組み込まれるのであれば、本来の平和教育の意味は実質消滅するこ
とになり、逆にそれぞれの分野の教育は中途半端に薄まれることになると、懸
念している (竹内 [2011, pp.60-61])。人権の専門家を自認するわたしもまった
く同意見で、平和教育が人権教育につながる視点は大切だが、人権教育には、
人権教育としての確固たる体系が存在するし、むしろ現在日本社会に不足して
いることは平和のエリート教育ではなく基礎教育である。岡本三夫は、ノート
ルダム大学国際平和学部の構想をモデルに、日本における「平和学部創設」を
提案するが (岡本ほか編 [2009, pp.11-21])、これも「平和のエリート」「平和の
知識人」を前提としていないだろうか。その意味で、岡本の以下の言葉を平和
の基礎教育ではなく「国際貢献」を中心に夢を描く若者に対して平和教育が重
要だとする傾向として紹介しておこう。

　　「私の知り合いや教え子の中には、平和学を専攻するために、米国、英
　国、アイルランド、スウェーデン、オーストリアなどへ留学中の者や諸外
　国の大学・大学院で平和学を専攻してきた人たちが少なくない。平和志向
　がきわめて強く、いわゆる『国際貢献』に夢を抱く若者が多いこの日本に
　平和学部を創設する必要性は高く、需要も多いに違いない。」(岡本ほか編
　[2009, p.21])

9. 「平和教育」の構造を転換できるか―「恵泉の平和学」の内容と目的

　さて、その意味で、「恵泉の平和学」の実践例をお話ししたい。わたしが平和教育の教鞭を取る恵泉女学園大学では、すべての学部・学科および大学院平和学研究科において、「平和学」が1年間（2セメスター）必修である。悪意をもって多様に解釈できる「平和」であればこそ、「恵泉の平和学」にはその判断規準がある。「恵泉平和教育4原則」と呼ばれるものである。①非暴力の徹底＝暴力を前提とした平和を否定する、②直接的・構造的・文化的暴力を対象とし、平和を多面的、立体的に扱う、③平和の実現の判断は最も底辺に置かれた人びとの視点から行う、④歴史的背景の検証を欠かさない。

　この原則を前提にしつつ、わたしが展開する平和教育は、「従来型平和教育」の問題点と5つの環境変化を前提として、次のような特徴を持っている。

　①平和教育の基軸は、日本の戦争や戦争体験の教訓から構成されるべきであり、より基本的な平和の課題を論理的に説明する。

　②平和教育は、論理的に考えれば、その「始まり」を「第二次世界大戦」とする必要はない。国際的な「平和主義」の確立は当初「大戦争 (The Great War)」と呼ばれた「第一次世界大戦」を契機としており、ここから「平和主義」の歴史を検証すべきである[2]。

　③「第一次世界大戦」を軸とすることで、平和主義が世界を変えてきた成功体験を論理的に教えることができる。レーニンの「平和に関する布告」、ウィルソンの「14カ条平和原則」、国際機関の誕生や発展、国際人道法や人権法の拡大は、第二次世界大戦後も含めて、「平和主義」の重要な成功事例である。成功体験の学びがなければ、平和教育は社会変革につながらない。

　④日本の平和教育の重要な土台であるにもかかわらず、基本的知識を欠く昨今の学生には、第二次世界大戦に関する基礎知識を確認する必要がある。ファシズムの構造と全体主義、軍事大国としての日本、戦後補償と植民地、マンハッタン計画と被爆体験、軍産複合体と通常兵器などである。基礎知識の教育では、的確な映像資料を準備する。わたしの授業では、敢えて、ディズニー映画の

2）　日本平和学会会長などを歴任し、日本の平和学の発展に長年貢献してきた岡本三夫も、平和学の「始まり」を第二次世界大戦においている。岡本の視点は戦争体験ではないが、米ソ核戦争への恐怖、途上国の貧困、紛争解決手段の研究が、平和学誕生の理由であり、存在意義だと指摘し、第二次世界大戦後に焦点を当てている（岡本ほか編 [2009, pp.3-6]）。

128 第3部 平 和

「パールハーバー」（2001年）を視聴させるが、日本軍の攻撃シーンに信じられ
ないとびっくりするのが、「戦争を知らない世代」の普通の反応である。

⑤戦争や戦争体験の継承はそれ自体が目的ではなく、現在につながる日本社
会の理不尽な社会構造、とくに権力構造を知るための実例であることを認識さ
せる。その点、継承そのものに意味があるという視点を転換し、現在社会の深
部にある近代日本の権威主義的な構造を批判的にあぶり出す意味を明確にすべ
きだろう。権力に対する批判的姿勢を学ぶという視点では、環境教育や開発教
育、国際理解教育には弱点があり、ここに平和教育の強みがある。

⑥「従来型の平和教育」を否定する勢力からの提起や国際交流・留学などで
ぶつかる場面を含めて、具体的な論戦に、反論できる枠組みを学ぶ。たとえば、
米国でパールハーバーの授業に巻き込まれたらどうするか。中国や韓国で、広
島・長崎の議論が出たときにどうするか。英国が英領インドをもっていた時代
に「満州国」をつくったからといって批判されるのはおかしいと言われたら、
どう対応すればよいかなどである。とくに、自分がやってもいないことに、な
ぜ戦後補償や先住民族の権利保障が必要かという問いには、それがいかにひど
い行為であったかを感情的に示すばかりでなく、マイケル・サンデルの「公共
善」のような政治哲学の枠組み理解が不可欠である[3]。

以上の②〜⑥点は、竹内の言葉を借りれば、「狭義の平和教育」の分野であ
る（竹内 [2011, p.51]）。さらに、⑦〜⑧は「広義の平和教育」で、平和と関連
分野の接続を取り入れている。

⑦平和と地球環境、平和と開発・貧困、そして平和と民主主義、とくに政治
参加の手段や選挙の意味、NGO と NPO の活動の役割と課題を説明する。そ
れぞれのポイントは将来的には、公共哲学、環境論、開発論、市民政治論など
の専門授業で知識を深めてもらえればよいが、街頭デモの組織化、NPO・
NGO の設立などは、この基礎教育で学習する。ただし、植民地主義・脱植民
地化および人権論は、より平和教育との緊密性が高い。

さらに、全体を通して以下のような方向性を計算している。

⑧平和の授業が抑圧的にならないよう、授業における学生と教師の関係性に

3）松元雅和は，平和主義に対する批判と生産的な対話を行うためには，政治哲学による「思考
の明晰化」こそ不可欠であると主張している（松元 [2013, p.iv]）.

第8章　平和はうまく教えられているか？　　129

細心の注意を払う。わたしも同じ思いを共有してきたが、横山正樹も次のように指摘している。

　　「平和学が展開されているおもな場は、他の研究分野と同様に、大学・研究所など間違いなく体制内にある。……大学も構造的暴力から自由ではない。」（岡本ほか編［2009, p.iii］）

　どんなによい内容を教えようと、高校・中学などの教室が構造的暴力の温床にならない保証は残念ながらない。

おわりに

　ここで紹介した平和教育の試みが、試論的であることは間違いない。しかし、従来と違う形で「平和の基礎教育」が広範な市民層に広がらない限り、現代的ポピュリズムの中で、平和主義を確立することは不可能であると思う。残念ながら、「従来型平和教育」は第二次世界大戦の惨禍の継承に絡めとられていたし、これを批判的に展開した「多面的な平和教育」は「中立性」を名目とする不当な批判の嵐に頓挫し、「包括的平和教育」もこの権威主義体制が根深い日本では「平和のエリート教育」に変貌する可能性が高い。

　恵泉女学園大学での16年以上「平和教育」を試行錯誤し、わたし自身が人権分野で活動してきた経験からは、英語を中心とする外国語に堪能で、自己主張ができ、平和に関する国際貢献に寄与できる人材育成を目指す「平和のエリート教育」にややウンザリしてきた。わたしが活動してきた分野では、海外での学びと国際貢献の前に、日本社会の問題性を見抜き、その本質を深く洞察し、グローバルな規準で運動に展開できる実践性をもった人材が必要である。何ということはない、足元の社会に生きている、その主流から外れたあるいは外された人びとに向き合うことだ。こうした人びとは自己主張が流暢にできる教育を受けていることが少なく、その中には言葉であらわすことが苦手な人びと、自らの言葉を奪われた人びともいる。わたしたちは、そうした人びととゆっくり時間をかけて信頼関係をつくり、体感を含めてじっくりコミュニケーションを図ることに努めてきた。その点、「平和主義」の教育は、ユネスコ的

に言えば、まさに「万人のための教育」あるいは「価値を共有する市民教育」でなければならず、その時代や環境に合わせた「基礎教育プログラム」として必要だと痛感する。そうした試みに失敗したからこそ、戦後日本の平和主義は未曽有の危機にあり、その再生がなければ理不尽な権力との対峙や対決はなかなか難しいように思えてならない（本稿は、平和教育の枠組みを論じたもので、実際の平和教育の紹介ではない。たとえば、わたしの大学院の平和教育は、公開講座として社会人、他の大学生にも開かれ、130分×10回というコマを使っている）。

参考文献

総務省 2019年4月『人口推計　2018年（平成30年）10月1日現在（結果の概要）』.

文部科学省 2018年『平成29年度教職員団体への加入状況に関する調査』.

DIAMOND online 2017年7月3日「『安倍首相の"積極的平和主義"は印象操作』ノルウェーの平和学の父に聞く」.

ブラッドフォード大学（University of Bradford）社会国際学部平和学科〈日本事務所〉HP. http://www.bradford.jp/studying/schools/social_and_international_studies/peace_studies.html

藤原帰一編 2002年『テロ後――世界はどう変わったか』岩波新書.

星野英一・島袋純・高良鉄美・阿部小涼・里井洋一・山口剛史 2018年『沖縄平和論のアジェンダ――怒りを力にする視座と方法』法律文化社.

堀芳枝・上村英明・高橋清貴編 2013年『学生のためのピース・ノート』御茶の水書房.

君島東彦編 2009年『平和学を学ぶ人のために』世界思想社.

木村朗 2006年『危機の時代の平和学』法律文化社.

児玉克哉・佐藤安信・中西久枝 2004年『はじめて出会う平和学――未来はここからはじまる』有斐閣.

越田清和編 2012年『アイヌモシリと平和――〈北海道〉を平和学する』法律文化社.

岡本三夫・横山正樹編 2009年『新・平和学の現在』法律文化社.

岡本三夫 1999年『平和学――その軌跡と展開』法律文化社.

竹内久顕編著 2011年『平和教育を問い直す――次世代への批判的継承』法律文化社.

松元雅和 2013年『平和主義とは何か――政治哲学で考える戦争と平和』中央公論新社（中公新書）.

日本平和学会編 2018年『平和をめぐる14の論点――平和研究が問い続けること』法律文化社.

日本平和学会編 2014 年『平和を考えるための 100 冊 + α』法律文化社.

上村英明 2018 年「恵泉女学園大学の平和教育と平和学」日本科学者会議編『日本の科学者』53 巻 1 月号, 本の泉社.

上村英明 2013 年「多元的な『平和学』から『市民的価値』を学ぶ――恵泉の『平和学』という視点」日本私立学校連盟『大学時報』353 号 (11 月号) 日本私立学校連盟.

資料：【恵泉女学園大学における学部科目のシラバスの概要】

〈学部 1 年生：必修をモデル化したもの〉(90 分×15 回)

＊第 1 回〜第 8 回は、戦争の教訓から平和を学ぶ

第 1 回／第一次世界大戦の教訓：「平和主義」の始まりとその背景
　　目的：総力戦と近代技術と植民地主義

第 2 回／「平和に関する布告」と「14ヵ条の平和原則」：新しい「平和」への挑戦
　　目的：平和主義による変革と国際社会の誕生

第 3 回／国際連盟から国際連合へ：主権の制限と戦争の違法化
　　目的：国際社会の理念と現実, そして私たちの生活

第 4 回／ナチズムとの闘い：近代民主主義の負の遺産
　　目的：多数決の乱用、情報操作と科学信仰への対決

第 5 回／戦後補償という問題：暴力の使用は「終わり方」が難しい
　　目的：暴力の世界と被害者に残るトラウマ・課題

第 6 回／パール・ハーバーと先住民族：見えないもの＝登場しない人々を見つける
　　目的：軍国大国日本を知る＋「被害」と「加害」の関係性とは何か

第 7 回／ヒバク国の学生は核問題を語れるか：複層する視点
　　目的：広島・長崎を語る複数の視点と日本の責任

第 8 回／死の商人と通常兵器：武器輸出三原則の価値
　　目的：軍産複合体を作らせない努力＝経済を平和的に構築する

＊第 9 回〜第 11 回は、平和と関連分野のつながりを学ぶ

第 9 回／地球環境と私たちの生活：資源・エネルギーは無限か
　　目的：環境と資源　ライフスタイルと平和

第 10 回／開発と貧困：グローバル化となぜ闘うか
　　目的：貧困はどう作られたか

第 11 回／民主化と NGO・NPO の役割：政治教育と党派教育を区分する
　　目的：家庭や大学で大いに政治を語り, 行動する

第 12 回／春休み・平和博物館を訪ねる旅に出よう：学んだものは実践で確認する
　　目的：現場で平和を考える

(残り 3 回は, 外部講師 2 回, 大学の理念である, 平和・園芸・キリスト教の担当教員による合同授業である)

第9章 フィリピンの戦場で何があったのか？
——戦争認識が形成されるということ

神子島　健

1. 神直子、フィリピンとの出会い

2000年の春、大学卒業を控えていた神直子（1978年生まれ）は、フィリピンでの体験学習のツアーに参加した。ネグロス島のビナルバガン町での交流会で、町の住民であるバーバラ・ベダットにこう言われた。「日本人なんか見たくなかったのに、なんであんたたちはフィリピンに来たんだい」（神直子［2015, p. 10]）。

1943年、バーバラは前年に結婚したばかりの夫を、スパイ容疑で日本軍に連行された。いまだ夫がどうなったかわからず、遺体も見つかっていない。戦争の傷跡がもたらす深い悲しみは、年月を越えて続いている。こうした声に対して神は「どうしたらよいかわからず、おろおろするばかり」だったという。

ルソン島のイザベラ市では、市長のエミリオ・モンタルボを表敬訪問した。その際、エミリオは日本から来た若者たちに、当時幼かった自分の目の前で日本兵に家族が次つぎと殺されたときのことを話した。こうしたフィリピンでの体験を受けて神は、「私たちは自分たちが意識している以上に日本人であることを突きつけられ」、「国際社会では、『過去の戦争のことは学校では教えてくれなかった』、『自分たちには関係がない』といった考えは通用しなかった」と書いている（神直子［2015, p. 15]）。

以後、神はこの体験を出発点に、フィリピンなどで戦争中の日本が何をしたか知り、考え、伝えるため、ブリッジ・フォー・ピース（以下、BFPと略記）を立ち上げ、活動することとなる。ちなみにBFPは2010年からNPO法人とし

て活動している。本章では、フィリピンの戦場で日本軍がしたことについて、日本社会の認識がどう形づくられてきたかについて考えてみたい。

2. フィリピンでの戦争で何があったか？

ここで主な対象となるのは、アジア・太平洋戦争（1941年〜1945年）において、日本がフィリピンでおこなった戦争の認識のあり方である。

このテーマについて考えるにあたり、重要な前提を押さえておく。そもそも、フィリピンでの戦争で戦ったのは、日本軍とアメリカ軍であった。日米開戦後、アメリカが領有していたフィリピンを日本軍が占領したからである。フィリピン人は米軍側の兵士やゲリラとして戦ったり、一部に日本軍に協力した人もいたし、どちらにも直接は関わらずにいたケースもあった。フィリピン戦での死者数は、『東京新聞』のまとめによると、フィリピン人約111万人、日本人約52万人、アメリカ人約1万5,000人にのぼる（『東京新聞』［2016.1.24.］）。日本人の52万人とは、日本全体の戦没者数約310万人の約6分の1を占め、非常に大きな数字であるが、フィリピン人の死者数が100万人を超え、フィリピン社会に大きなダメージを与えたことは容易に想像できる。こうした数字は当然押さえておくべきであるが、本論のテーマにおいては、次のような理論的な前提が重要になる（こうした前提も認識が深まっていくプロセスで明らかになった）。

(1)日本の、フィリピンを含んだ東南アジア侵略は、日清・日露戦争や台湾・朝鮮半島などの植民地支配のうえに築かれたものである。つまり、フィリピンの問題だけを他から完全に切り離して論じることはできない。

(2)その一方で東南アジアでの戦争においても、各地域ごとの特性が当然存在する。フィリピンは、もともとスペインの植民地だったが、革命軍の敗北により1902年にアメリカの全面的な支配に移った。マレーシアやシンガポールがイギリスの植民地で、インドネシアがオランダの植民地だった、といった歴史的背景の違いや、日本軍の戦略上の違いなどが地域的な戦争のあり方の差異を生んだ。

ちなみに、開戦時のフィリピンに駐留していたアメリカの極東陸軍の司令官は、ダグラス・マッカーサー、つまり降伏後の日本の占領を行ったGHQの総司令官である。そのため、敗戦直後、フィリピンでの日本兵の残虐さに焦点を

当てた報道が比較的多くなるなど、フィリピン戦のイメージ構築に独特な影響をもたらしたとも言える。

しかし戦後を長期的に見たとき、東南アジア全体への関心が高まることで、その一国としてのフィリピンへの関心が高まる面もあった。そのため、日本の東南アジア認識という視点を踏まえつつ、フィリピンの特殊性を考えるという両方が必要である。

3. 戦争を語るということ

もう1つの重要な前提として、戦争を語るという行為がもつ独特の難しさについても考えておこう。

そもそも、戦争中にフィリピンで戦った日本兵たちは、フィリピンで自分たちがおこなったことを覚えているはずである。しかし、それは戦争で起きたことの意味を認識していることにダイレクトにはつながらない。

日本では敗戦に伴い、軍隊が解体された。兵士たちは「復員」したわけだが、ここでの復員とは、軍籍を抜けて一般の社会に帰ることである。それは人を殺すという、人間社会で通常は許されないことを任務とする集団から、人を殺してはいけない社会に戻るということである。そこでは、戦場でおこなわれたおぞましい出来事を語ることは歓迎されないし、語ることは当人にとっても好ましいことではない。しかも語ることでおぞましい記憶がよみがえってしまい、通常の社会に再適応することを妨げてしまう場合すらあるかもしれない。

また、敗戦直後において、そうしたおぞましいことを話して、その情報が広がってしまえば、進行中の各地の BC 級戦犯裁判に影響してしまうかもしれず、語ることがはばかられただろう。さらに連合国側にとってまずい情報であれば、メディアの検閲でシャットアウトされる。敗戦直後における戦争の情報は、当事者の記憶が生々しい時期であったものの、独特なフィルターを通した形でしか流通しなかったのである。

より一般的な問題もある。日本兵が「兵隊として当たり前のことをしただけ」「戦争だから仕方なかった」という形で自分たちの行為を正当化して考えていたり、そもそも重要なことと考えていなかったりしたとする。侵略した側にその意味が見えていなくとも、侵略された側のフィリピンの人間が「日本軍

のやったことは許せない」となれば、それは仕方ないで済む問題ではない。日本が海外でおこなった戦争については、こうした認識上のギャップを埋める努力こそが、認識の形成においてカギの1つとなる。

もう1つのカギは、日本兵が、自分のやったことのひどさを認識していても、それを周囲に対して語るとは限らない点だ。というよりむしろ、それは語りにくく、語ることがはばかられることが当たり前でもある。BFPのウェブサイトにある証言ビデオに、次のような言葉が出てくる。「俺なんて、こうして神さんに問いただされたからしゃべるんであって、もう、しゃべられないもんだと思ってた」。

実際のところ、証言するという行為は、その証言に意味を見出しているから語るのであり、多くの証言者は、長い間語れなかった苦しい思いを、高齢になった今、後世に伝えておきたいと思うのである。それでも、「神さんに問いただされたから」とあるように、外からのきっかけを必要とすることが多い。そして語ることはコミュニケーションの1つであるから、当然、そこには「神さんに」とあるような、相手への期待や信頼関係が重要なのである。

4. 敗戦直後から占領期にフィリピンでの戦争はどう語られたか

以下、戦後日本におけるフィリピンでの戦争の認識の変化について見ていきたい。フィリピンの人たちの声が日本社会に直接届くことのない状況から、このあとの6節以降で見ていくように、戦争がフィリピンの人たちにもたらした被害の深刻さが1970～80年代になって見えはじめてくるのである。

戦後日本を代表する政治学者である丸山眞男が、その名を世に知らしめた文章が「超国家主義の論理と心理」（『世界』岩波書店［1946年5月号］）である。その中に次の記述がある（引用は丸山眞男［1964, p. 26］より。傍点原著者）。

「われわれは、今次の戦争に於ける、中国や比律賓（フィリピン）での日本軍の暴虐な振舞についても、その責任の所在はともかく、直接の下手人は一般兵隊であったという痛ましい事実から目を蔽つてはならぬ。〔中略〕市民生活に於てまた軍隊生活に於て、圧迫を移譲すべき場所を持たない大衆が、一たび優越的地位に立つとき、己れにのしかかつていた全重圧から一挙に解放

136　第3部　平　和

されんとする爆発的な衝動に駆り立てられたのは怪しむに足りない。」

　丸山自身は、召集され陸軍の兵士として敗戦を迎えたが、前線には行っていない。だが、兵営において下っ端の兵は、本来禁止されているが実質的には兵隊教育に埋め込まれている私的制裁などの暴力にさらされており、丸山もそれを経験していた。そうした立場の弱い一般の兵たちへの圧迫が、戦場において彼らによる残虐な行為につながったと見ているのである。

　ここでフィリピンが引き合いに出されているのは、敗戦直後、フィリピン関連の報道が比較的多かったからだ。日本軍降伏後、フィリピンがアメリカ軍によって管理され、GHQ 経由で詳細な情報が出やすかったことと、1945 年 2 月のマニラ市街戦で、民間人も巻き込んで、12 万人もの死者が出たことなどが背景にある。

　とはいえ、当時の新聞は、ペラ 1 枚で表裏 2 面のみが普通で、詳しい情報を掲載するにも限界がある。日本軍による被害を受けた海外の人びとの怒りを日本社会が十分に受けとめたとは言い難い。丸山の議論の力点は、なぜ日本兵がこれほどひどい行為をしてしまったのかという点にあり、フィリピンの人たちの受けた被害そのものにはない。戦時中は日本兵への批判が許されず、美化された報道ばかりだったため、この時期にそうしたイメージを相対化する必要があったのもたしかである。だが、被害を受けたフィリピンの人たちが抱えた苦しみを十分に理解しなければ、戦争で壊れた両国の信頼関係をきちんとつくり直すことはできない。

　もう 1 つエピソードを紹介する。占領中の日本では、海外に行くことはきわめて難しかった。そのため、海外の人びとが日本をどう見ているか、生の声を聞く機会がきわめて限られていた。のちに作家として活躍する遠藤周作は、戦後日本最初のフランスへの留学生の 1 人として渡仏した。船でヨーロッパへ向かう途中、1950 年 6 月にフィリピンのマニラに立ち寄っている。「船にのぼった彼ら士官と兵隊は、それからぼくら日本人だけのパスポートを調べたが、彼らの敵意にこもった眼を今でも思い出せます。〔中略〕戦後五年の今日さえも、彼らはマニラ虐殺の恨みを忘れてはいない」（遠藤周作 [1998, p. 23]）。遠藤は例外的にこうした体験をしたが、戦争から 5 年ほどを経ても、日本人というだ

けで強い敵意を向けられる状況があったことを、当時の日本人はまともに知る
機会がなかったのである。

5.　考えておかなければならない日比賠償

　1951 年 9 月、サンフランシスコにおける講和会議で、日本と、日本と国際
法上戦争関係にあった国ぐにのうち、48 カ国（日本を含め 49 カ国）が講和条約
に署名した。翌年 4 月 28 日に条約が発効することで、日本は国際社会に復帰
した。

　冷戦の中で、アメリカは日本を西側陣営に引き込むため、日本にとって「寛
大な講和」が結ばれた。日本の経済復興を優先する中で、連合国側の賠償請求
についてきわめて抑制的な条約だったのだ（同条約第 5 章）。だが日本にとって
寛大であるということは、日本によって大きな被害を受けた国にとっては不十
分な条約であることを意味する。最大の被害を受けた地域に当たる中華人民共
和国は、社会主義陣営だったため講和会議に呼ばれなかった。

　サンフランシスコ講和条約だけではフィリピンの国民は納得しなかったため、
条約上の規定に基づいて、日本政府に個別の賠償の取り決めを求めた。それが
1956 年に結ばれた日比賠償協定であった。5 億 5,000 万ドル分の賠償を、10
年に分けて、資本財の現物支給という形で、日本がフィリピンに支払うもので
あった。そもそも資本財で支払われる時点で、その賠償は被害を受けた個々人
にはほとんどわたるものではない。また、日本政府の発注によって日本企業が
製品を送ったり現地で工事をおこなったりする形式であるため、日本企業が現
地に経済的に進出するための足がかりとなり、日本企業にとってはビジネス
チャンスにほかならなかった。日本製のセメントや貨物船などを現物でわたす
ほか、賠償を担保とした借金でダムの建設や電気通信網の整備などを日本企業
がおこなった。これはフィリピンに限らず、ビルマ（現ミャンマー）、韓国など
個別に結ばれた賠償や経済協力の協定に共通している。

　ちなみに韓国との日韓請求権協定（1965 年）の場合は、日本から支払われた
お金は不法行為に対する「賠償」でもなく未払いなどに対する「補償」でもな
い、単なる「経済協力」のお金という見解を日本政府はとっている。こうした
お金の支払い方は、今日にいたるまで、被害当事者や遺族の不満につながって

138　第3部　平　和

いる（この項は内海愛子［2010］を参照）。

6.　ベトナム戦争以降─戦争体験の語りの変容

　結局のところ、日本軍が侵略先の戦場で何をしたのか、という問いが日本社会の中から出てくるまでには時間がかかったのである。その中で1つのターニングポイントとなったのが、同時代の大きな課題としてのベトナム戦争だった。

　1965年、アメリカが北爆（北ベトナムへの爆撃）を開始して、ベトナム戦争に対する世界的な反戦運動が起きた。日米安全保障条約をとおして、日本は米国の戦争に加担していた。在日米軍基地は米軍の兵站基地として機能し、日本は前線帰りの米兵の休養地であり、死傷者が運ばれてくる場所でもあった。とりわけ、まだ米国の施政権下にあった沖縄からは、次つぎと米軍部隊がベトナムへ向かって出撃していった。

　日本政府は米国政府を支持していたが、諸外国と同じく日本でも激しい反戦運動が展開された。そこでは一般論としての戦争反対だけでなく、ベトナム人に対する加害の立場に立っている日本人として、自分自身のこととして戦争をどう考えるかが問題となった。

　「侵略に加担するわたし」という視点は、いわば認識の枠組みを大きく変えた。べ平連（ベトナムに平和を！　市民連合）など、ベトナム反戦運動をテコとしながら同時代的にさまざまなところで起きた転換だった。だが、この転換がただちに過去の戦争の実態についての認識を深めるわけではない。東南アジアの人びととの具体的な交流の中で事実がだんだんと見えてくるため、ベトナム反戦運動から少しあとの時代に動きが出てくる。先進国となった日本資本による、東南アジアなど途上国の労働者に対する搾取、環境破壊などが、日本の市民に問題視されるようになったのだ。

　そこでは日本の市民運動の広がりに伴いさまざまな動きがあったが、紙幅の関係から少しだけ取り上げる。1975年「国際婦人年」メキシコ会議を取材した朝日新聞社の松井やよりは、第三世界における女性問題の深刻さを痛感し、女性運動の仲間たちと、1977年に「アジアの女たちの会」を立ち上げる。そして、松井は1981年から85年までシンガポール支局に配属され、アジアの活動家たちとのネットワークを広げていく（松井やより［1987］）。あるいは、社会

科の教員などが、夏休みなどを利用して、東南アジアの戦争被害について調査するなど、あちこちで国境を越えた人と人とのつながりがつくられ、認識が深まっていく。こうした人たちの活動は、戦争の歴史に関して言えば、『教科書に書かれなかった戦争』（1983年〜）シリーズのような形で世に出されている。

　70年代後半から80年代ごろになると、日本から東南アジア諸国に実際に行くことが容易になると同時に、経済大国となった日本に来る出稼ぎ労働者も増えてくる。フィリピンの場合は、日本の企業マンが現地に行って買春ツアーに殺到することが問題となるとともに、フィリピンから若い女性が「エンターテーナー」として日本に入国しながら、結果的に売春を強要されるようなケースが問題となった。強い側の国の男性が弱い側の国の女性をセックスの対象として扱う「性搾取」への同時代認識が、90年代の日本軍「慰安婦」問題への認識につながっていくのである。

7.　90年代の動き─①元兵士の証言

　戦後日本において、戦争の悲劇はさまざまな形で語り継がれてきたものの、その中心は何といっても、空襲や原爆、あるいは疎開などの民間人の大きな被害、つまり「被害としての戦争」であった。それが70年代以降の動きの中で「加害としての戦争」という視点が意識されるようになり、その広がりが1つのピークとなったのが1995年、戦後50年という節目の年だったと言える。

　日本の国内事情を考えると、敗戦時に20歳だった男性の多くは、1985年までに定年を迎えた（定年の主流が55歳から60歳に移行する時期だった）。会社中心の人間関係においておぞましい戦争の話などできない状況だったのが、老後に入り、死を意識しつつ今までの自分の歩みを振り返ったとき、かつての戦争で自分が体験したことを書き記したり語ったりする、というケースが増えたのである。それまではわかりあえる仲間どうしの「戦友会」でのみ話していたことを後世に残そう、と思う人が増えたのである。

　あるいは「加害としての戦争」の実態を知るために元日本兵に聞き取りをおこなう人が増えて、それに応える元日本兵も増えることにもなる。自身は海軍の兵で、地上戦の悲惨な状況を知らなかった石田甚太郎（1922-2016）は、1988年に約1年間フィリピンに住み込んで取材し、フィリピンの戦争被害者の聞き

140 第3部 平 和

取りをまとめて『ワラン・ヒヤ：日本軍によるフィリピン住民虐殺の記録』（現代書館［1990]）を刊行した（ワラン・ヒヤはタガログ語で「恥を知れ」）。そのあと、侵略した側になる元日本兵にも取材して、1992 年に『殺した殺された——元日本兵とフィリピン人200 人の証言』（径書房）を出した。戦場で起きたことを証言する人が、時間を経てしだいに増えてきたのである。

8. 90 年代の動き—②被害当事者の日本での証言

また別の話として、1991 年、韓国の金学順（キムハクスン）が、自らが日本軍「慰安婦」にされた過去をカムアウトし、これをきっかけに、それまで一般的なレベルでは取り上げられることのなかった戦時性暴力（日本軍「慰安婦」を含むが、それに限らない）というテーマが、クローズアップされることとなった。

これに呼応して、1992 年からフィリピンでも被害者が名乗り出るキャンペーンがおこなわれた。フィリピンの場合、地上戦の戦場となったため、慰安所にいた女性だけでなく、集団強姦や、日本軍の駐屯地に拉致された女性も非常に多いという特徴がある。

こうした中で、日本人に招かれて、戦争の実態を知ってもらい、こうしたことを繰り返さないために自分たちの被害を証言する人もいた。そのうちの 1 人の活動を紹介したい。ファナリア・ガラン・ガルシア（通称ロラ・ナリン。ロラはタガログ語でおばあさん）は、1998 年にアジア・フォーラムという証言集会に招かれ来日した。以下は、当時招いた側の大谷猛夫（たけお）へのインタビュー（2018 年8 月）と、当時の証言集による。

ロラ・ナリンが生まれ育ったのは、ルソン島の首都マニラから北に車で 2 時間ほどのパンパンガ州カンダバ村マパニケ。1942 年、村に日本軍がやって来てからは、彼女の父親を含む成人男性がスパイ容疑で日本軍に連行され、拷問を受けて帰ってくることがしばしば起きた。

そして米軍の攻勢がはっきりしてきた時期である 1944 年 11 月 23 日、マパニケは日本軍に包囲され、砲撃を受け、多くの村人たちが亡くなった。村中略奪され、成人男性のほとんどが亡くなった。村ごと焼き払われ、生き残った若い女性たちが集団強姦を受けた。わずか 12 歳でまだ生理もなかった彼女もその 1 人だったのである。

足立区で中学校の教員をしていた大谷は、アジア・フォーラムの証言集会に関わるとともに、彼女を中学校に招いて、授業で話をしてもらった。このクラスには学習意欲を失いつつある生徒が何名かいて、授業に集中できないことが多かったというが、大谷はこのときの授業について、「はじめ少しざわざわしていてやはり集中できない子どももいました。しかし、ナリンさんの証言が熱をおびてくると、教室は波をうったように静かになり、ナリンさんの声だけが教室に響きわたり、なかには涙をうかべて聞いている子もでてきました」と書いている（アジア・フォーラム編［1999, p. 7]）。

　同じ記録集から、生徒の感想を少し紹介する。「私は直接体験の話を聞いてすごく驚いた。前の時間にもらったプリントよりもっとすさまじかったし、これを体験したナリンさんはもっと苦しかったと思う」（Yさん）。「私はナリンさんがもっと日本兵のしたことを私たち日本人に訴えてくると思っていた。でもナリンさんは何よりも2度とこんなことがおこらないように、自分が体験した苦しみを私たちがあじわうことのないようにと私たちのことを考えてくれていることに驚いた」（Aさん）（アジア・フォーラム編［1999, pp. 17-18]）。

　書かれたものと異なる、生身の人間が語ることばがもっている力。そして自分たちに向かって懸命に話すロラ・ナリンの言葉を受け止める子どもたちの感性。子どもたちの心が大きく動かされたことが伝わってくる感想がつづられている。人と人との真剣な交流は、概念上で引かれた国境線を越えるのだろう。

　日本の側もフィリピンの側も、当事者が直接社会に向かって語る状況が、50年を経て（ある程度）整ったということだろう。とはいえ、このころをピークにして、フィリピン（など海外）で日本軍が何をしたか、という認識自体が後退しているのが現状だろう。「新しい歴史教科書をつくる会」などが侵略という観点で過去の戦争をとらえることを批判したり、靖国問題が日中・日韓で互いにナショナリズムをあおるような形で顕在化したりしたことなどが大きい。だが、同時に、当事者の高齢化が進み、亡くなる方が増え、あるいは遠くに出かけて証言することが難しくなった、という状況も、その理由の1つだろう。

9.　これからどうするのか―BFPの活動から
　では、わずかに残った当事者もこれから亡くなっていく状況で、この問題は

どうなるのだろうか。冒頭で言及したBFPの活動から、今後のあり方を考えるヒントを紹介して、本章を締めくくりたい。

当事者が遠からぬうちに亡くなる状況を見据え、多くの人が考えるのが映像記録である。BFPでもそれをおこなっているが、証言のための記録資料にとどまらない点が、BFPの映像の特徴だろう。フィリピンで会った人たちのために、活動の初期に神直子が考えたのが、戦時中フィリピンにいた元日本兵の中にも後悔や反省の念を抱いている人がおり、彼らの今現在の思いや、当時置かれていた状況をフィリピンに伝えられないか、ということであった。

自分たちの行動がフィリピンの人たちを傷つけた事実に苦しみを抱いていても、それを直接フィリピン人に伝える機会など普通はない。孫のような世代の神が、フィリピンにその言葉を届けたいという思いをぶつけてきたことが、元日本兵たちに、自分たちの証言が何か未来につながる可能性を感じさせたのだろう。

元日本兵のメッセージを携え、神はフィリピンへ行き、それを見てもらった。ここでフィリピンの人たちは、悪魔のように思っていた日本兵、それも、戦後の日本の繁栄の中でかつてのことなど忘れていただろうと思っていた人びとが、戦争のことで苦しみを抱えていたことを知るのである。当事者世代といっしょにメッセージを見る若い世代にも、大きな衝撃である。

しかも神は、それを踏まえて被害者の方から元日本兵に対するメッセージを、自分や家族の受けた苦しみの話もまじえて録画し、元日本兵や他の日本人に見てもらう、という、ビデオ・メッセージを通じた日本とフィリピンの交流をしたのである。証言に加えてお互いの証言への感想やリアクションが加わることで、戦争を知らない世代にとっても、より多面的な見方が形成されるのである。

これに関して大事なポイントが、BFPのウェブサイトに書いてある。「私たちは、お預かりした貴重な証言を、戦後世代に贈って頂いた大切な財産であり、永久の教材と捉えています。よって、映像や取材内容などは慎重に取り扱い、責任をもって問題の生じないように進めています。言葉の独り歩きを避けるため、基本的にはメッセージ上映をするワークショップは、BFPメンバーが補足説明をする形で行っています」。

映像は、戦争を知ってもらうためのハードルを下げる1つの手段ではある。

だが、BFP にとっての大事な「資産」であるからこそ、その証言者のバックグラウンドや撮影のときの様子などを補足することで、ワークショップ参加者の理解を深めることこそ、大事なのである。

現在、BFP の活動を積極的に担うもっとも若いメンバーの 1 人である金子聖奈（1996 年生まれ）は、自身が大学でのワークショップで映像を用いながら話をした経験を踏まえ、こう述べている。「学生の立場、学生の視点で話をすると、聞き手の学生の食いつきがいいんです。映像で見せるだけでなく、『自分がこのフィリピン人と話をしてこう思った』というような個人の視点で話すと、反応がいいようです」。

目の前にいる生身の人間が話をする力というのは、確実にある。それは証言映像の力とはまた別のものだろう。若い世代は戦争のことを自分の体験として語ることはできない。だが、メッセージ映像に出てくる証言者が亡くなったとしても、それが単に画面の向こうの人でなく、わたしが会って話をしたこの人であった、ということを伝えることで、ワークショップの参加者にとっても、証言者との距離を近づけることができるのである。学生にとっては、同じ世代の金子がこういう活動をしているという事実も気づきのきっかけになるのである。

映像に補足を入れることの意味を、金子はこう語ってくれた。「戦争の記憶を、ともすればトラウマを、『語ってください』と言ってカメラを向けることは、ある種、暴力的な行為でもあると思っています。つまり、『語らせている』というエゴイズムの自覚が、取材をしながら私の中では芽生えていました。

だから、語ってくださっているその人の『語り』が、そんな簡単に生まれたものではなく、自明ではない。しかし、そうした言葉をもってしての『語り』を通してしか、記憶を継承することができないというジレンマがあります。だから映像だけを公開するのではなく、いわば、『語らせた者』の責任感として、映像の背後にあるものを伝える必要があるということではないか、と思っています」。BFP の活動は、証言者と、その証言を聞いた者たちとのコラボレーションで成立しているのだ。

「加害としての戦争」という視点の広がりがピークを過ぎた、と書いた。しかし国境を越えた交流は今後も増加するだろう。戦争なんて昔のことだから

144 第3部 平 和

「自分たちには関係ない」では済まない過去を学んでいくことの必要性は、決して薄れていないと思うし、人と人との交流の中でこうした過去を学ぶことは、過去に向き合わないことよりも前向きな営みだと思うが、どうだろうか？

引用・参考文献

神直子 2015 年『ビデオ・メッセージでむすぶアジアと日本——わたしがやってきた戦争のつたえ方』梨の木舎.

丸山眞男 1964 年『増補版　現代政治の思想と行動』未来社.

遠藤周作 1998 年『ルーアンの丘』PHP 研究所.

内海愛子 2010 年『戦後補償から考える日本とアジア　第 2 版』山川出版社.

松井やより 1987 年『女たちのアジア』岩波新書.

アジア・フォーラム編 1999 年『アジア・フォーラム'98　フィリピン・マパニケ村の悲劇——日本軍の集団レイプと虐殺』アジア・フォーラム（非売品）.

第10章 平和学から見たレイシズム

暉峻 僚三

はじめに―平和学について

この章は、古くからあり、現在にいたるまで消えることのないレイシズムを、「平和」という視点から考えます。もしかすると、「レイシズム」という言葉と「平和」という言葉が結びつかない人もいるかもしれません。しかし、レイシズムは「平和問題」です。

「平和」という単語は、小学校の授業でも使われるとても一般的な言葉です。でも、平和であるとは、そして平和でないとはどういうことなのでしょうか。

小学校から高校まで、学校教育の中には「平和教育」と呼ばれるものがあります。「平和教育」という科目はありませんが、国語、社会科、総合などでわたしたちは「平和」を学習します。では「平和を学ぶ」ために、学校ではどんなことを学習しているのでしょうか。わたし自身が小学校・中学校に通っていた時代に「平和学習」と呼ばれるものは、東京大空襲や広島・長崎への原爆投下など、日本が経験した戦争について学習することを主な内容としていました。おそらく今も、学校教育における平和学習・教育は、基本的に過去の戦争について学ぶ内容が多いのではないかと思います。過去の「戦争」を学ぶことを、「平和」学習と位置づけている場合が多いということは、言い換えれば、学校教育の場では、平和に対置する言葉が戦争であると位置づけられていることになります。

戦争はいつでもたくさんの人を殺します。平時であれば人を殺すことは、どこの国でも重大な犯罪です。しかし、戦時には、普段人を殺すことを重大な犯罪と定めている国（政府）自身が、殺すことを命じ、認めます。人を殺すとい

146　第3部　平和

う普段の「絶対悪」が、正当な行為となってしまう戦争は、死傷する人びとは
もとより、戦場となる場所に暮らす人びとから人生を奪い、殺した人びとにも
大きな心の傷を残す、平和を壊す究極の現象であることは間違いないでしょう。
　しかし、戦争さえなければ、私たちの社会は平和なのでしょうか。1960年
代の終わりころ、インドの研究者スガタ・ダスグプタは、戦争が平和の対極に
ある概念であることに異議を唱えました。経済的に発展している、「北」の国
にとっては、平和とは戦争の不在を意味するのかもしれません。しかし一方、
経済的に貧しい地域に目を向けると、戦争はないのに、病気や飢餓で人がたく
さん死んでゆくことは珍しいことではありません。はたしてそのような状態を
平和と呼べるのでしょうか。ダスグプタは平和に対置する概念をそれまでの
「戦争」ではなく、「非平和（Peacelessness）」という言葉であらわしました。そ
して、非平和という概念を再構築したのが現代平和学の創始者の1人であるヨ
ハン・ガルトゥングです。ガルトゥングは非平和な状態をつくり出す概念を整
理し、非平和を生み出すものを「暴力」という概念を使って説明しています。

3つの暴力の概念1―直接的暴力

　では暴力とはどういうことなのでしょうか。暴力と聞くと、大体の人は、殴
る蹴るなどの「肉体的暴力」、ひどいことを言って人を傷つける「言葉の暴力」
などの行為を想像すると思います。学校では、「暴力はやめよう」と繰り返し
教わりますが、この「暴力」は上記の中でも肉体的な暴力という意味で使われ
ています。
　もちろんこれらも暴力なのですが、平和学的に見ると、暴力の1つの形でし
かありません。このように、誰が、または何が暴力を行使したのかが目に見え
る、行為者の特定できる暴力を、平和学では「直接的暴力」と呼びます。直接
的暴力は、いわゆる暴力と言われてすぐに思い浮かぶような殺す、殴るなどの
肉体的暴力から、いじめなどの精神的な暴力、搾取のような経済的な暴力まで
多岐にわたりますが、特徴は行為者が特定可能であるということです。

3つの暴力の概念2―構造的暴力

　一方、誰がやったのか、行為者が特定はできなくとも、社会の構造そのもの

が平和を脅かす暴力もあります。たとえば、地球温暖化は、北東アジアに位置する日本においても、人の命や暮らしを奪う豪雨や熱帯夜の増加という形であらわれています。これらの災害は、一見すると自然災害です。しかし、地球温暖化は人類が化石燃料を使い産業化社会を発展させてゆく過程で深刻化してきた問題であり、人類がつくった現象です。

また、わたしたちは、誰もが健康で文化的な最低限の生活を送る権利を有していますが、日本を含め、さまざまな地域で貧困は消えたことのない問題です。日本社会においても、いくつも仕事を掛け持ちして、かろうじて暮らしているワーキングプアの問題は深刻な社会問題です。働いても暮らしていけない、ということは社会のどこかに、ワーキングプアを生み出している構造があるということになりますが、誰がその構造をつくったのかは見えませんし、特定することもできません。

人間がつくった状況が、人の命や暮らしを奪っているという意味では、地球温暖化も貧困も暴力であると考えられます。しかし、誰が産業化社会、都市型社会を作り、標準の社会の形にしたのか、誰が３％の超富裕層に富が集中するような社会をつくったのかは特定できません。特定できないので、地球温暖化や貧困が暴力と言われてもピンとこないのです。私たちが思い浮かべる暴力は「誰が暴力を振るったか」という行為者のイメージとセットになっているからです。

このように、社会構造そのものや社会の中に埋め込まれている暴力を、平和学では「構造的暴力」という概念で表します。

３つの暴力の概念３―文化的暴力

そして、平和学は、暴力を支える暴力という概念も提示しています。たとえば、人間誰しも、腹を立てた結果、暴力的な言動や行為に及ぶことはあります。そのような自分の気持ちを想像してみてください。必ず自分は正しいと感じているはずです。これは個人から集団まで同じで、暴力を行使するためには必ずそれを正当化する必要があります。

正当化や被害者化、「仕方のないこと」としたり、無関心によって、直接的暴力や構造的暴力を支えるような言説や情緒を、平和学では、「文化的暴力」

と呼んでいます。正当化の言説や情緒が文化の中に埋め込まれているからです。

　たとえば「女なんだから控えめでいろ。従順でいろ」と夫が妻に強制すれば、それは直接的暴力です。しかし、その夫が「女なんだから」という言葉を吐けるのは、誰が言い出したのかは決してわからないけれど、何となく社会の中で共有されている「女性らしさ」や「女性の役割」といったイメージがあり、それが彼の「女なんだから」を正当化する情緒となっています。

　戦争・武力紛争においては、自国や自民族の正当性と被害者性が広く社会の中で共有されます。そしてそれに対比するように、相手国・相手民族の邪悪さや加害者性が強調され、邪悪な敵から「我々」を守るための暴力の行使を正当化します。

パッケージとしての暴力

　直接的暴力、構造的暴力、文化的暴力は、それぞれが単独であらわれるわけではありません。単純に戦争は直接的暴力、レイシズムは文化的暴力、というような一対一の関係ではないということです。行為としての暴力の行使は直接的暴力としてあらわれます。しかし、直接的暴力はほとんどの場合、下支えしている構造的暴力と、暴力の行使を正当化する文化的暴力がセットになっています。

　たとえば、レイシズムは、ヘイトスピーチや最悪の場合虐殺などの行為となってあらわれます。これは、誰がやったのかが見える行為であり、直接的暴力です。しかし、そこには差別という社会構造＝構造的暴力があり、そこから導き出される、暴力行為を正当化する情緒や言説＝文化的暴力があります。ナチスドイツは多くのユダヤ人を虐殺しました。しかし、ナチスが社会から排除するべきものとしてのユダヤ人、という概念を無からつくり出したわけではありません。何世紀もの間ヨーロッパ社会にあった、ユダヤ人への差別を容認する社会構造がホロコーストという暴力のベースにはあるのです。

文化的暴力とレイシズム

　平和学では、肉体的にせよ、精神的にせよ、また主体が個人であっても、特定の社会層であっても、行為者が見える暴力を直接的暴力とし、不公正な再分

配や差別など社会の構造の中に埋め込まれていて、かつ、行為者が見えない暴力を構造的暴力と位置づけました。そして、両方の暴力を正当化し支える意識や言説などを、文化的暴力と位置づけています。そして、この文化的暴力という概念は、レイシズムを説明するのには不可欠な概念です。

レイシズムにおける文化的暴力は、主に属性としてのマイノリティに同化を迫る、排除する、追放する、抹殺するなどの行為の正当化や、レイシズムを容認する、または知らないふりをする社会の構造を正当化する装置として働きます。

文化的暴力は「神の名のもとに」や「祖国のための犠牲」「言ってもわからないから……」「人として劣っている他の集団」「特別で崇高な我々と特別な権利」「脅かす奴らから我々を守るため」など暴力を正当化するための言説や情緒から、「わたしには関係ないから」という無関心まで幅広く含む概念ですが、非常に単純化して言えば、暴力の行使を「しかたがないこと」と支えるものです。

レイシズムの中でも特定の民族や国籍をターゲットとしたものにおいては、自民族・国民が他民族・国民、とくに敵と設定された「奴ら」よりも優れているといった言説や、「我々は特別な存在である」「多数派である我々が、マイノリティにより抑圧されている、不当に貶められている」といった言説が用いられます。文化的暴力としてのレイシズムは、政治的リーダーから出てくるだけでなく、メディアなども巻き込んで、トップダウン、ボトムアップの相互作用で増幅されてゆき、最終的にジェノサイドまで発展することもあります。

わたしたちは学校教育で「差別はいけない」と繰り返し教わります。しかし、日本においても、海外においても差別がなくなったことはありません。そして、レイシズムは、人が平和的に尊厳をもって生きてゆく権利を壊す問題であり続けています。

レイシズムの誤解

レイシズム（Racism）・レイシストという単語は、在日コリアンをはじめとする、特定の民族的属性をもつ人びとに対する憎悪表現・扇動であるヘイトスピーチが、社会問題としてクローズアップされるにつれ、カタカナ言葉として

日本社会に定着してきたように見えます。

しかし、レイシズムの意味が共有されているかというと、残念ながらされていないように感じます。わたしは高校や大学でレイシズムを考えるワークショップをおこなうことがありますが、現場の教員も含めて「白人と黒人」のような肌の色による差別がレイシズムであると理解されていることが少なくありません。たしかに、辞典などではレイシズムは「人種差別・人種差別主義」（『ウィズダム英和辞典』［2013]）であり、「人種に本質的な優劣を認め、構成する人種により社会や文化の優劣を判断する考え方。アーリア民族優越論・有色人種劣等論・黄禍論・アパルトヘイト政策など」（『スーパー大辞林』［2013]）ということになっています。一般的な百科事典を見ると、欧米におけるアフリカ系の人びとへの差別に代表される、肌の色など、身体的特徴から類型化される「人種」の優位性・劣等性に基づく制度や言動がレイシズムという理解になってしまいます。しかし、実際にレイシズムが優位・劣等の基準とするのは、もっと広範囲です。もちろん、コーカソイド、モンゴロイド、ネグロイドなど、主に皮膚の色や骨格により、現生人類が類型化できるとする考え方に基づく差別は、現在もなくなったわけではありませんし、深刻なレイシズムであることはたしかです。

しかし、たとえば、日本社会におけるレイシズムを考える場合、レイシズムの対象は、上記のような「人種」に限定されるものではありません。百科事典の記述のように「レイシズム」を定義してしまうと、日本に暮らす人びとの圧倒的多数は「黄色人種」であり、「人種」的に多様とは言えないがゆえにレイシズムは深刻な社会問題ではないということになってしまいますが、はたしてそうでしょうか。

狭い意味でのレイシズムを支えている考え方

コーカソイド、モンゴロイド、ネグロイドなど、主に皮膚の色や頭蓋骨の形により、現生人類が類型化できるとする説は、現在では生物学的にも支持されない考え方になっています。しかし、皮膚の色などの身体的特徴による差別は現在もなくなったわけではありません。たとえばアフリカ系の住民に対する差別は、アメリカ、ヨーロッパ、ユーラシア諸国に広く見られる意識で、現在で

もアメリカにおけるアフリカ系の住民が通う教会への落書き、路上での罵倒や暴行などの事例をはじめとして、世界のさまざまな場所で人種主義的な行為が報告され続けています。人類のおぞましい記憶であるユダヤ人の迫害・虐殺をおこなったヒトラーは、それまで宗教的・民族的な集団と見なされていたユダヤ人を身体的特徴をもつ「人種」として類型化を図り、人種主義に基づく「アーリア人」を頂点とする階層化された世界を思い描いていました。

　しかし、レイシズムの対象は、上記のような「人種」よりもずっと広い対象を含む概念です。日本も1995年に加入している、国連の人種差別撤廃条約では、レイシズム（人種差別）を「人種、皮膚の色、世系又は民族的若しくは種族的出身に基づくあらゆる区別、排除、制限又は優先」と規定しています。

レイシズムの対象—人の属性

　人類は二足歩行をはじめるよりもずっと前の時代から、群で暮らしてきた生き物であることも関係があるのかもしれませんが、人にとって群＝集団はとても大きな意味をもちます。そして、集団の意識とレイシズムは大きな関わりをもちます。

　あなたが海外に行って、自己紹介をする機会があったとします。あなたはどんな自己紹介をするでしょうか。別の言い方をすれば、どんな情報を相手に対して発信するのでしょうか。

　「私の名前は○○です。日本から来ました（日本人です）。出身（地元）は○○です。職業は○○です。趣味は○○です」などの情報は、非常に多い頻度で自己紹介に含まれます。

　これらは何をあらわしているのでしょうか。

　人は他者に認識してもらうためにまず「どんな概念上の集団に属しているか」を伝え、他者を認識するときも、その人はどのような概念上の集団に属しているかというイメージを積み重ねて「この人はこんな人」という像をつくり上げてゆきます。

　もちろん、性格などその人のみに帰属する要素も大きく重要ですが、おおむね人は自分を他に伝えるとき、そして他を認知するときには、このように、さまざまな帰属の複合・重層で他の像を描いていったり、自分の自画像を他に伝

152　第3部　平 和

えたりします。そして、帰属の1つが国籍であったり、民族であったりします。
　上の例を見るとわかるように、帰属意識はさまざまであり、1人の人間が、1つの集団に属しているという一対一の関係ではありません。各個人の帰属意識は、さまざまな種類・階層によって成り立っており、さまざまな状況に応じて、本人が意識する帰属意識、他がその人を見なす帰属も変わってきます。海外の空港で入国審査の列に並んでいるときや、サッカーの日本代表戦を見ているときなどは、国籍を意識する人が多いでしょう。同じサッカー観戦でも、プロリーグの試合を観に行けば、もっとも意識する帰属は、自分はどちらのチームのファンであるかでしょう。

2種類の属性
　人はさまざまな概念上の集団に属している意識がありますが、人の属性には、レイシズムという観点から見ると大きく分けて2つの種類があります。

自分の意思で容易に、または比較的容易に変えることができる属性
　野球ファンは「我々カープファン」のように特定チームへの強い帰属意識をもつ人も珍しくありません。そしてどこかのチームのファンであることで、とても誇らしい気持ちになったり、また肩身がせまい思いをしたり、他チームのファンに敵愾心を抱くことさえあります。時と場合によってはそのチームのファンであるがゆえに差別されているような感情をもつこともあるでしょう。その意味では、野球チームへの帰属意識も差別の対象にはなりえます。
　ただ、野球チームファンという属性は、帰属意識をもつ本人がその気になれば、変えることができます。思想や信条も自分の意思で変えることができます。職業は必ずしも自分の意思で簡単に変えられるわけではありませんが、一般的には本人が選択するべきものです。
　このように、人の属性の中には、自分の意思で容易に、または比較的容易に変えることができる属性があります。

自分の意思では変えられないか、変えることが困難な属性
　人の帰属意識、属性の中には、その属性をもつ人本人の意思では変えること

ができないか、変えることが難しいものもあります。たとえば性別や性自認、国籍、民族・種族、家系などは、ほとんどの場合、本人が自分の意思で変えることはできないか、できたとしても非常に困難な属性です。人は、自分の生まれる性別、国、家などを選べるわけではないからです（性別や国籍を後から変えることは不可能ではありませんが、誰もができるわけではありません）。

そして、上記のような属性に対する差別は、現在にいたるまで厳然として社会にあります。自分の性、国籍や民族という属性ゆえに経験する差別は、日本も含め世界中で、個人の尊厳、平和的な生存を壊し、脅かす問題であり続けています。

このように、自分の意思では変えられないか、変えることが困難な属性への暴力がレイシズムです。

属性の交差

2種類の属性への暴力は、どちらがレイシズムでどちらがレイシズムではないかをはっきりと分けられるものではありません。そして、2種類の属性が相互に関係しており暴力にさらされることもあります。

たとえば、日本も含め多くの国は信教の自由を保障しています。しかし、すべての人が自由に宗教的帰属を選んでいるか、または無宗教を選んでいるかというと、そういうわけではないでしょう。もちろん、自分の意思で何らかの宗教を信じるようになる人、帰属意識をもつようになる人も多くいます。しかし、他方、自分の生まれ育った家がその宗教の信者だったから、自分の地元はその宗教の信徒がほとんどだから、そもそもその宗教の信徒になる以外のオプションがない地域や国に生まれ育ったなどの理由でその宗教への属性をもっている人も少なくはないでしょう。さらには、自分自身はその宗教への帰属意識はないものの、姓名や言語がその宗教を想起させる名前であり、外からはその宗教へ帰属しているものとして見られる場合もあります。そして、自分で主体的に選んだとは言えない属性で差別にさらされることも珍しくはありません。

職業選択の自由も国際人権法で保障されていますが、誰もがフリーハンドで選択をしている訳ではありません。たとえば、ヨーロッパのユダヤ教徒は、歴史上、貸金業などキリスト教徒が就くことを禁じられている職業にしかつけな

154　第3部　平和

い時代を経験しました。そして貸金業という職業への敵意が、ユダヤ教徒への憎悪や蔑視を増幅させ、今日までヨーロッパ社会が決別できない反ユダヤ感情となります。

　日本における被差別部落も、歴史の中で形づくられてきた穢れの意識と関係する身分・職業・居住が固定された、穢多・非人などと呼称された人びとへの差別が、現在にいたるまで、世系、地域、職業が複雑に絡み合いながら、完全に消えずに残っている例です。

　このように、人の属性とその属性に対して発生するレイシズムは、基本的には、自分の意思で変えられないか、変えることが難しい属性に対して発生するものですが、単純に線引きできることではないことにも留意する必要があります。

レイシズムの定義

　ここまでは概念的にレイシズムの対象を考えてきました。実は、このような属性への考え方は、国際法にも見出すことができます。

　国連で 1963 年に採択された「あらゆる形態の人種差別撤廃に関する宣言」では、前文においては「人種（Race）、性、言語又は宗教による差別のないすべての者のための人権及び基本的自由の尊重を助長し及び奨励することについて、国際協力が達成されるよう求めている」と、レイシズムの対象として人種、性、言語または宗教をあげています。

　1 条においては、「人種、皮膚の色又は種族的出身（Ethnic Origin）を理由にする人間の差別は、人間の尊厳に対する侵害」であるとされており、前文に比べるとやや範囲の狭い、人種（Race）、皮膚の色、エスニックな出身がレイシズムの対象となっています。

　国連で 1965 年に採択された人種差別撤廃条約においては、レイシズムを「人種、皮膚の色、世系又は民族的若しくは種族的出身に基づくあらゆる区別、排除、制限又は優先であって、政治的、経済的、社会的、文化的その他のあらゆる公的生活の分野における平等の立場での人権及び基本的自由を認識し、享有し又は行使することを妨げ又は害する目的又は効果を有するもの」であると規定しています。宣言に比べると世系という血統と、民族的属性（National）が、

第10章　平和学から見たレイシズム　　155

加えられています。

　では、レイシズムやレイス、レイシズムの表出であるヘイトクライム・ヘイトスピーチという表記が使われている外国の法では、どのような属性をレイシズムの対象とみなしているのでしょう。

　フランスで1972年に制定された「人種差別に対する闘いに関する法律（1972別名プレヴァン法）」では、出身、国籍、民族、人種、宗教、障がいを理由とした攻撃、扇動、差別を禁止しています。

　イギリスの人種関係法は、肌の色、人種、国籍、民族的・国民的出自に基づく差別、人種を根拠とする、公共の場における憎悪を煽る表現や、雇用、住宅などのサービスにおいての直接的・間接的な差別を禁止しています。そして、2006年に深刻化するイスラモフォビア（イスラム教やムスリム系市民に対する排外的言動）に対応するため制定された、人種的・宗教的憎悪法では、宗教的な属性への憎悪の表現・扇動も対象となりました。

　アメリカのヘイトクライム統計法では、法執行機関に「人種、宗教、障害、性的志向、民族性」など人種差別的な動機に関連する殺人、レイプ、暴行、器物破損などについての情報を、毎年統計として公表することを義務づけています。そしてヘイトクライム予防法は、「人種、肌の色、宗教、民族的（national）出自、性別、性的指向、性自認、障がい」を動機とした、傷害や未遂事件の調査・訴追を、連邦が直接・間接的におこなうことを定めています。ヘイトクライム判決強化法は、暴力的な犯行が「人種、皮膚の色、宗教、出身国、エスニシティ、性、障がい、性的指向」により被害者を選別していた場合は、刑罰を加重します。

　日本の憲法・法律はどうでしょうか。レイシズム・人種差別やヘイトクライム・ヘイトスピーチといった語句を使ったものではありませんが、日本国憲法では、14条で法のもとの平等を定めており、差別の禁止と特権の廃止をうたっています。対象として例示的にあげられているのが、人種、信条、性別、社会的身分（出生によって決定される社会的な地位または身分）または門地、華族その他の貴族です。社会的身分、門地といった「生まれ」の属性に対する差別とともに、華族や貴族といった生まれの属性による特権も禁止・廃止の対象となっているなど、レイシズムの対象とは一概に言えないものの、おおむね、あ

156　第3部　平和

らゆる形態の人種差別撤廃に関する宣言や人種差別撤廃条約と同じ属性が含まれています。法律としては、通称「ヘイトスピーチ対策法」と呼ばれる「本邦外出身者に対する不当な差別的言動の解消に向けた取組の推進に関する法律」がヘイトスピーチの社会問題化に伴って制定されましたが、対象としているのは、ヘイトスピーチの主なターゲットとなっている在日コリアンを念頭に、本邦の域外にある国または地域出身で、適法に居住するその出身者またはその子孫であり、付帯決議で他の差別も認められないことをうたっているものの、対象は限定的です。

　このように、国際法、外国の法、そして日本の法でも、レイシズムの対象は、おおむね、自分の意思で変えることができないか、変えることが難しい属性が規定されています。

　人種、出身国、民族（National と Ethnic）、言語、血統、性などの属性は、自分で選び取ったかどうかにかかわらず、纏ってしまう属性です。宗教は自分で選び取る場合もありますが、自分の生まれ育った家がどの宗教・宗派に属しているのか、地域においてどの宗教・宗派がマジョリティであるのかによって、宗教的属性が決まる場合も少なくありません。

レイシズムの行き着く先―ジェノサイド

　ヘイトクライムの研究者である、ブライアン・レビンは、ヘイトクライムを、1)偏見に基づく態度、2)偏見に基づく行為、3)差別、4)暴力（直接的・肉体的暴力）、5)ジェノサイドという5つの段階のピラミッドで説明しています。

　それぞれの段階において、「移民が我々の仕事を奪っている」「外国人のせいで我々の町の治安が悪化している」など暴力を正当化し、自らの帰属する民族を被害者として描く文化的暴力が作用します。そして、行為としてのレイシズムの究極にあるものがジェノサイドです。ジェノサイドは新聞やテレビでは「大量虐殺」という意味で使われることが多いですが、大量虐殺だけがジェノサイドではありません。ある単位の社会から、肉体的であれ、文化的であれ特定の集団を消し去る意図をもっておこなわれる行為はジェノサイドです。そして、レイシズムの究極の形であるジェノサイドでは、役割を担う関係者は同じ構図でとらえられます。まず、ターゲットとなる被害者がいます。そして、行

図10-1　憎悪のピラミッド

図10-2　ジェノサイド　3つの役割

為としてのレイシズムやジェノサイドに及ぶ行為者がいます。そして、もっとも多数の人が担うのは、傍観者という役割です。「見て見ぬふり」「自分には関係がないから」といった態度は、被害者を無視し、行為者にはその行為への承認を与えていることになります。

わたしたち社会のレイシズム

前述のように、肌の色など外見的な特徴、民族、国籍、性、種族・氏族、社会的階層、宗教、障がいなど、自分の意思では変えられないか変えることが難しい属性はすべてレイシズムの対象になります。では、私たちの社会には、実際どのようなレイシズムがあるのでしょうか。本稿ですべての属性をターゲットとしたレイシズムの事例をカバーはできませんので、国籍や民族、血統、宗教的属性を動機としたものをいくつか紹介します。

北米や西ヨーロッパ諸国で、近年深刻化しているのが、イスラム圏につながる人びとへのレイシズムです。中東のきな臭いイメージや、イスラム教徒によるテロ事件、大量の難民などが、歴史的な偏見と組み合わさって、レイシズム

の表出となっているのでしょうが、とくに、ロンドンで 2005 年に起きた地下鉄やバスの同時爆破テロや、2015 年のパリにおけるテロの発生などにより拍車がかかっています。イスラム教徒に対するヘイトクライムへの電話相談を行う NGO Tell Mama の発表によれば、パリのテロの翌週には、前の週に比べ 300％もイスラム教徒を標的としたヘイトクライムが増加しました。イギリスのレイシズムとイスラモフォビアの問題に取り組む NGO Forum Against Islamophobia and Racism やイスラム教徒の調査によれば、いやがらせの大半はネット空間でのヘイトスピーチです。しかし、路上で絡まれたり罵られる、肉体的な暴力を受ける、モスクや墓場への落書きなど実社会での破壊行為なども報告されています。

西ヨーロッパ最大のイスラム教につながりのある市民人口を抱える国であるフランスでも、イスラモフォビアは深刻な問題となっています。フランスのイスラモフォビアに反対する NGO である Le Collectif Contre l'Islamophobie en France によれば、2012 年には、イスラム教徒をターゲットにした、排斥行為が 469 件発生しており、イギリスと同じく、路上で罵られる、肉体的暴力を受ける、モスクなどへの落書きや破壊などが起きています。

イスラモフォビアは、西欧諸国に広く見られるレイシズムですが、フランス独自の事情として、厳格な政教分離を定めたライシテがあります。ライシテ理念のもと、公の場に宗教的シンボルを持ち込むことは禁止されており、イスラム系住民の生活習慣との軋轢も起きています。

とくに、公の場におけるブルカやスカーフの着用禁止などは議論を呼んでおり、イスラム教につながる市民の排除に統治機構が一役買ってしまうこともあります。数年前には、複数の自治体が、イスラム教徒の女性が海水浴を楽しめるように考案された水着「ブルキニ」を、海水浴場で着用することを禁止し、実際に着用している女性に警察官が「脱ぐか退場するか」をうながす写真が SNS で拡散し議論を呼びました。

戦後の復興期から多くの労働移民をトルコから受け入れ、近年は多くのシリア難民を受け入れているドイツでもイスラムにつながりのある人びとに対するレイシズムは深刻な問題です。

2014 年には反イスラムを掲げる団体「Patriotische Europäer gegen die Islamisierung des Abendlandes（PEGIDA）」がドレスデンで活動をはじめ、反イスラムデモなどの規模を拡大させており、ヨーロッパや北米にも広がりを見せています。2015 年には 2 万 5,000 人を集める反イスラム、反移民デモがおこなわれ、ドイツ社会の中のイスラム教徒への敵意の根強さを浮き彫りにしました。

　ヨーロッパにおけるレイシズムは、イスラムにつながる住民など、比較的最近移動してきた、新たな隣人（ニューカマー）にだけ向けられるとは限らず、昔からの隣人（オールドカマーや昔から居住していた民族）にも向けられます。たとえば、ヨーロッパには、ロマ人たちが何世紀にもわたって暮らしています。

　ロマ人は、ヨーロッパやユーラシアを中心に広い範囲に居住しており、地域としては南東ヨーロッパにもっとも多く居住しています。だいたい 11〜12 世紀ごろにバルカン半島に、14〜15 世紀に西ヨーロッパに姿をあらわしたとされていますが、独自の言語や風習・風俗をもった彼らは、かつてはジプシー、ツィガンなどと呼称され、これまで多くの差別・排斥にさらされてきました。

　近年では、イタリアやスロバキアで、市当局がロマ人の居住地の境界に壁を建設し、欧州委員会より「人種差別と闘う EU の価値観に背く」として撤去をうながされ物議を醸しました。また、フランスでは、ルーマニア国籍のロマ人たちが大量に送還されたことが問題となり、欧州委員会より「欧州市民の域内移動の自由」を定めた EU の法に抵触するとして是正を求められました。当局によるもの以外にも、住居への放火など、ロマをターゲットとしたヘイトクライムはたびたび起きています。2004 年にはコソボで、ロマ人居住地域全体が、暴動に襲われ焼き討ちにあうという事件も起きています。

　日本では、人種差別とは、アメリカのアフリカ系市民への差別・排斥や南アフリカのアパルトヘイトのことだと考えられがちです。学校で、アメリカの公民権運動やキング牧師などについて教わったことを通じて、人種差別という言葉を覚えた人も少なくないでしょう。アメリカでは、このような肌の色による差別を解消するためにさまざまな方策が講じられてきましたが、現在でも差別はなくなっていません。近年では、白人警察官や自警団により、黒人容疑者が射殺される事件が立て続けに起きたことがきっかけで社会運動となった Black Lives Matter（BLM）が有名です。BLM は、2013 年から、フロリダにおける、

構成員が白人の自警団によるアフリカ系の少年射殺、その翌年、ニューヨークにおける白人警官によるアフリカ系容疑者の絞殺、ミズーリ州における白人警官によるアフリカ系青年の射殺、メリーランドにおいてアフリカ系青年が警察による拘束中に死亡した事件など、「白人が黒人を殺す」という構図の事件が立て続けに起きたことへの抗議として、アメリカ全土に広がりました。BLMはアフリカ系市民による運動というわけではなく、さまざまな「肌の色」の市民が参加しています。BLM は、一方ではレイシズムを許さないという市民力を示していますが、他方では、公民権法制定から 50 年以上たった現在でも、アメリカ社会が、アフリカ系市民への差別を克服できていないことも示しています。

　人種のサラダボウルと言われるアメリカでは、アフリカ系住民以外も、さまざまな民族・国につながる人びとがレイシズムのターゲットになっています。中南米から移住してきたヒスパニック系に対するレイシズム、そしてイスラム教徒（っぽく見える人）へのレイシズムは、古くからのアフリカ系市民へのレイシズムとともに、アメリカ社会の大きな問題となっています。2016 年の大統領選挙期間中には、トランプ陣営により「ヒスパニック系の移民を送還する」「メキシコとの国境に壁をつくる」「イスラム教徒を入国禁止に」などの主張がなされました。そして、民族的・宗教的憎悪をあおったトランプ氏の大統領就任以降、ヘイトクライムは急増していると言われています。

　日本社会も、レイシズムとは無縁ではありません。外国人への差別や、民族的帰属に対する差別だけでなく、古くから差別の対象となってきた属性に、被差別部落があります。被差別部落は、人種差別撤廃条約では世系（descent）として、対象になる属性に位置づけられています。

　封建時代、日本には穢多・非人と呼ばれる被差別階層がおり、衣・職・住・婚姻等さまざまな面で身分的・社会的差別・排除の対象となってきました。明治政府は 1871 年に「穢多非人ノ称ヲ廃シ身分職業共平民同様トス」を布告し、身分としての被差別階層はなくなりましたが、差別は今日まで残っています。

　1975 年には「部落地名総鑑」というリストが、200 社以上の大手企業の間で利用され、結婚や就職の際の身元調査に利用されれていたことが発覚し、国会でも取り上げられる大きな問題となりました。また、封建時代から被差別部落

第 10 章　平和学から見たレイシズム　161

民には、屠殺や皮革加工などを生業とするものも少なくなかったことから、食肉加工や皮革加工に関連する差別意識は戦後まで続き、今日でもかなり減ってきたとはいえ、なくなったとは言えません。2015 年には、「穢多に殺される動物はかわいそう」などと書かれた、いやがらせの手紙が現在でも多数、食肉市場に来ることが英国 BBC により報道されました。この報道は、わたしたちの社会が、現在でも部落差別を解消できていないことを示唆しています。

　先住民への差別としては、日本社会には、アイヌ民族と、ウチナンチュに対するレイシズムがあります。独自の言語をもち、狩猟や漁労、採取を中心とする生活を送ってきた北海道のアイヌ民族は、明治時代、旧土人と位置づけられ、同化政策の対象となりました。それまでの土地を所有せず、漁や猟をおこなってきた生活も、禁止の対象となってゆき、1899 年に制定された「北海道旧土人保護法」により、付与された土地への定住、農業の奨励、アイヌ語の使用禁止などが制定されます。しかし、付与された土地は、農耕に適していない土地が多かったばかりでなく、土地の所有自体、譲渡の禁止など多くの制限を含んでいました。また、民族としての属性に大切な要素である、言語や生活様式についても、日本人風な姓名での戸籍登録、日本語使用の義務など、アイヌ人としての帰属は消されてゆきます。しかし、社会の中の差別は消えることはありませんでした。アイヌ人への差別は、減ったとはいえ、今日でもまだなくなったわけではありません。

　北海道が 2017 年に実施した「北海道アイヌ生活実態調査」によれば約 36％の人が「今まで差別を受けたことがある」「他の人が受けたのを知っている」と答えており、これは低い数字とは言えません。差別を受ける状況は、学校、結婚のことで、就職のときなどが、主な場となっており、差別を受けた理由は59.4％が人種的偏見によるものであると答えています。

　旧土人保護法は、1998 年にようやく廃止され、「アイヌ文化の振興並びにアイヌの伝統等に関する知識の普及及び啓発に関する法律」が成立しました。

　沖縄諸島に暮らしてきた、ウチナンチュも日本の先住民ですが、アイヌと同じく、差別にさらされてきました。

　沖縄は、非常に複雑な歴史を纏っています。もともと沖縄（琉球王国）は、明治初期までは、薩摩と清国に帰属しつつも独立した王国でしたが、明治政府

による琉球併合以降、段階を経て沖縄県として日本の領域に組み込まれました。そして、沖縄の人びとも徴兵令の適用や旧国籍法により日本臣民となります。沖縄の人びとは日本臣民となってから、さまざまな差別を経験してきました。ウチナンチュ自身の言葉を話すことを禁じられ、学校で沖縄の言葉を使うと、罰則として方言札と呼ばれる札を首から下げさせるなど、苛烈とも言える言語政策がとられました。

　日本臣民としての標準化は推し進められたものの、沖縄の人びとは、しばしば他の都道府県出身者とは違う扱いを受けました。1903年に大阪で開催された博覧会においては、民間が営業していた「学術人類館」というパビリオンにおいて、台湾先住民やアイヌ人とともに、沖縄の女性も「展示」されるという出来事がありました。県外へ出稼ぎ労働者として移住したウチナンチュも、入店・入居拒否など、さまざまな差別を経験してきました。

　戦争と軍隊は、ウチナンチュのもつ集合的な痛みの記憶の中で大きな比重をしめています。沖縄は、アジア・太平洋戦争末期、当時の県民の4分の1が死亡する大規模な地上戦を経験しました。沖縄戦の最中、ウチナンチュは、アメリカ軍に殺されたたけでなく、日本軍によっても、スパイと見なされる、軍が使うために避難壕から追い出される、自決を強いられる、10代の子どもも戦場に動員されるなど、殺されたり死に追いやられたりすることもありました。そして、終戦後の沖縄は1972年までアメリカの軍政下に置かれました。軍政下では、多くの土地が基地用地として強制収用されました。現在でも、国土の0.6％の面積しかない沖縄県には、米軍施設面積の約7割が集中しています。

　現在まで続くこのような歴史から、日本の中での構造的差別を感じるウチナンチュも少なくありません。そして、このような状況に抗する人びと、とくに近年の辺野古への基地建設に反対する人びとに対して、嘲りや憎悪を扇動する言葉が投げつけられています。とくに、県外から派遣されてきた機動隊員が、公務中に、反対運動をする人びとを「土人」と罵ったという出来事は、大きな問題となりました。

　このようなレイシズムの表出は、ヘイトスピーチと呼ばれており、2013年流行語大賞トップテンにも選ばれるなど、近年、日本社会では大きな問題となってきました。

第10章　平和学から見たレイシズム　163

　ヘイトスピーチという用語は、1980年代にアメリカで、アフリカ系や性的少数者に対する殺人事件や、大学内での非白人女性に対する差別事件が頻発したことから、ヘイトクライムとともに使われるようになった用語です。スピーチというと聴衆に向けて喋ることを想像するかもしれませんが、単に「スピーチ」をすることだけではなく、物理的、またはネット上の公的空間における、レイシズムの表現や憎悪の扇動を含みます。

　日本のヘイトスピーチは、インターネットの普及とともに広がりを見せ、公共の場など実社会でも見られるようになってゆきます。

　ヘイトスピーチは、ヘイトデモと呼ばれる街頭での行動や、ネット上の書き込みといった草の根によるものだけではなく、公人による発言や煽動するメディアなど、多様な主体によりなされます。

　そして、日本社会において、ネットというサイバー空間や、路上などの実空間でおこなわれるヘイトスピーチの最大のターゲットとなってきた属性の1つが、在日コリアンです。

　1910年の韓国併合により日本の植民地となった朝鮮半島からは、土地調査事業により土地を失った人びとなどが、日本に労働力として移住しはじめます。

　朝鮮半島からの移住者数は、終戦時には約200万人にまで増えます。より良い仕事を求めて日本にわたって来た人、土地を失い日本に出稼ぎに来ざるをえなかった人、騙されて連れて来られた人、強制的に連れて来られた人など、さまざまな理由で日本にわたって来た朝鮮半島出身者は、安価な労働力として働きながら、コミュニティを形成してゆきます。韓国と直接の航路があったのが、大阪と下関だったこともあり、在日コリアンの集住地域の多くは下関、広島、大阪、京都など西日本にあります。首都圏では川崎や、横浜など京浜工業地帯周辺や、日暮里、上野などに在日コリアンの集住地域があります。

　朝鮮半島から移住してきた人びとは、1世の時代から日本社会で多くの差別に直面してきました。関東大震災の折には、「朝鮮人が暴動を起こした」「朝鮮人が井戸に毒を入れた」などの流言飛語により、多くの朝鮮人が、虐殺されました。

　現在、在日コリアンは3世〜4世の時代に入っています。1世の時代と比べて、日本社会は在日コリアンにとって生きやすくなったのでしょうか。就職差

別や社会保障からの排除などは、ずいぶんマシになったと言えるでしょう。し
かし、在日コリアンへの差別と決別したとはとても言えないでしょう。ネット
上のヘイトスピーチから路上や在日コリアンの集住地域でおこなわれるヘイト
デモと呼ばれる行為にいたるまで、在日コリアンに対する民族差別・憎悪表現
や憎悪の扇動はひどいもので、国連の自由権規約委員会や人種差別撤廃委員会
からも規制を勧告されています。

レイシズムを克服するには

少なくとも、「レイシズムはいけない」「差別はいけない」という倫理は、広
く社会で共有されています。国際的にも共有されていますし、日本社会でも共
有されています。そして、レイシズムを禁ずる、宣言や条約など国際法のフ
レームもすでに存在します。

たとえば、1948年に国連総会において採択された「世界人権宣言」では、
すべての人間が生まれながらに自由であり、尊厳と権利について平等で、人種、
皮膚の色、性、言語、宗教、政治上その他の意見、国民的もしくは社会的出身、
財産、門地その他の地位またはこれに類するいかなる事由によっても差別を受
けずに人権を享有することが宣言されています。

世界人権宣言を条約化した国際人権規約では、前文で人権の尊重や擁護は国
だけでなく個人も他や社会に対し責任があることがうたわれています。自由権
規約では、移動、居住、思想、良心、宗教の自由や法のもとの平等は、人種、
皮膚の色、性、言語、宗教、政治的意見、国民的もしくは社会的出身、財産、
出生または他の地位等で差別されてはならないこと、そして、差別や敵意・憎
悪を扇動する国民的、人種的、宗教的憎悪を禁止することを締約国に求めてい
ます。社会権規約では、諸国民の間および人種的、種族的または宗教的集団の
間の理解、寛容および友好を促進する教育の必要性がうたわれています。

より直接的にレイシズムの撤廃をうたっている、人種差別撤廃条約では、人
種、皮膚の色、世系または民族的もしくは種族的出身に基づくあらゆる区別、
排除、制限または優先は、いかなる場所でも正当化できず、平和や調和を害し、
人間社会の理想に反するものであり、廃絶してゆかなければならないものとさ
れています。

第 10 章　平和学から見たレイシズム　　165

　では、これらの条約の批准、宣言への署名をしている日本はどうでしょう。
レイシズムを克服してきたと言えるでしょうか。国際条約だけでなく、国内法
でも、日本は憲法 14 条で人種、信条、性別、社会的身分、門地による差別を
禁止しています。さらに、主に在日韓国・朝鮮人をターゲットとしたヘイトス
ピーチの深刻化への対応として、いわゆる「ヘイトスピーチ対策法」も 2016
年に施行されています。ヘイトスピーチ対策法は、罰則規定のない理念法では
ありますが、それでも、差別的言動の解消の必要性への理解と、差別的言動の
ない社会の実現を国民に求め、国や地方自治体に差別的言動を解消してゆく責
務があることを定めています。

　日本社会に目を向けてみても、署名・批准している宣言や条約、国内の法と、
完全ではないにしても、法的なフレームは、レイシズムは克服・撲滅されてゆ
くべきものと位置づけられています。しかし、現実はどうでしょうか。日本の
統治機構は、レイシズムの克服・撲滅に真摯に取り組んできたでしょうか。何
よりも、日本という領域に暮らす人びとの間で、レイシズムは許されないこと
であるという意識は共有されてきたのでしょうか。

　日本は、かつて国体思想のもと徹底して個を軽視し、大きな災いを日本に、
植民地に、戦争相手国にもたらしました。現行の憲法は、少なくともこの苦い
教訓を生かしているはずです。

　今の憲法は、国民主権、基本的人権の尊重、平和主義という 3 つの幹をもっ
ています。これら 3 つの幹は、掘り下げてゆくと 1 つの根に行き着きます。そ
の根っこは「個の最大限の尊重」です。1 人ひとりがその人として尊厳を保っ
て生きてゆく権利（人権）があり、尊厳ある個が熟議の上社会をつくってゆく
国民主権があり、個々を数として動員し、殺し、殺される戦争や武力による問
題解決を否定する平和主義があります。

　個の最大限の尊重は、血統、民族、門地などの属性により人には優劣・善悪
があるとするレイシズムとは相容れません。もし、個の最大限の尊重が日本社
会に、しっかりと根づいているとすれば、ヘイトスピーチなどの、レイシズム
の表出は許されないはずです。しかし、現実はどうでしょうか。

　ネット上には「日本が大好きな普通の日本人」による、ヘイトスピーチがあ
ふれています。本屋さんの平積みコーナーに行けば、「日本すげえ」系の本と、

その裏返しのような、隣国の「民度」を嘲る本が並んでいます。特定の国・民族につながる市民への憎悪を扇動するような発言が、議員や自治体の長など公人によってなされることは珍しくありません。そして、何よりも深刻なのは、公人、とくに政治家がヘイトスピーチをしたからといって、議員や自治体の長といった立場を失うわけでも、次の選挙で得票に大きな影響が出るわけでもないことです。つまり、有権者がレイシズムに対して、きわめて「寛容」であることです。

言うまでもなく、民主主義社会は、尊厳ある個が考え、語り交わすことで構築されてゆくべきものです。個の尊厳を破壊するレイシズムを承認・放置するということは、ある意味、人権をベースとした民主主義を拒否しているということです。

十分ではないにしろ、レイシズムを克服・撲滅してゆく法的なフレームはすでにあります。問われているのは、わたしたち社会のメンバーが、すべての個の尊厳が尊重された社会に向かおうとしているのかという、人権をベースにした民主主義への「やる気」なのではないでしょうか。

レイシズムと平和を考えるための参考文献・ソース

J. Galtung, 1969, "Violence, Peace and Peace Research", *Journal of Peace Research* vol. VI no. 3, Sage Publications, Ltd.

Sugata Dasgupta, 1967, "Peacelessness and Maldevelopment, a new theme for peace research in developing nations", *IPRA Studies in Peace Research*, IPRA Second Conference vol.II, Tallberg.

The United Nations Educational Scientific and Cultural Organization, 1952, *The Race concept: results of an inquiry*, Greenwood Press.

R. A. M. Borgman, Gunnar Dahlberg, L. C. Dunn, J. B. S. Haldane, M. F. Ashley, A. E. Mourant, Hans Nachtscheim, Eugene Schreider, Harry L. Shapiro, J. C. Trevor, Henri V. Vallois, S. Zuckerman, Th. Dobzhansky, Julian Huxley, 1964, "Statement on the nature of race and race differences; by physical anthropologists and geneticists (June 1951)", The United Nations Educational Scientific and Cultural Organization. (https://unesdoc.unesco.org/ark:/48223/pf0000157730)

ロバート・ジェラテリー，根岸隆夫訳 2008 年『ヒトラーを支持したドイツ国民』みすず書房.

ヨハン・ガルトゥング，藤田明史編著 2003 年『ガルトゥング平和学入門』法律文

化社.

石田勇治 2015 年『ヒトラーとナチ・ドイツ』講談社.

Brian Levin, Barbara Perry, Paul Iganski, Randy Blazak, Frederick M. Lawrence, 2009, *HATE CRIMES Volume 1 Understanding and defining hate crime: The Long Arc of Justice; Race, Violence, and the emergence of hate crime law*, Greenwood Publishing Group.

本文中で取り上げている NGO

Tell Mama　https://tellmamauk.org
Forum Against Islamophobia and Racism（FAIR）　http://www.fairuk.org
Le Collectif Contre l'Islamophobie en France（CCIF）　http://www.islamophobie.net
Black Lives Matter（BLM）　https://blacklivesmatter.com

本文中で取り上げている法関係

人種差別撤廃条約（外務省訳）　https://www.mofa.go.jp/mofaj/gaiko/jinshu/conv_j.html

あらゆる形態の人種差別撤廃に関する宣言（外務省仮訳）　https://www.mofa.go.jp/mofaj/gaiko/jinshu/decl_j.html

Loi n° 72-546 du 1 juillet 1972 relative à la lutte contre le racisme（人種差別に対する闘いに関する法律）　https://www.legifrance.gouv.fr/jo_pdf.do?id=JORFTEXT000000864827&pageCourante=06803

Race Relations Act 1976（人種関係法）　http://www.legislation.gov.uk/ukpga/1976/74/enacted

Racial and Religious Hatred Act 2006（人種的・宗教的憎悪法）　http://www.legislation.gov.uk/ukpga/2006/1/contents

Hate Crime Statistics Act（ヘイトクライム統計法）　https://ucr.fbi.gov/hate-crime/2010/resources/hate-crime-2010-hate-crime-statistics-act

Matthew Shepard Hate Crimes Prevention Act（ヘイトクライム予防法）　https://www.congress.gov/bill/111th-congress/senate-bill/909/text

Violent Crime Control and Law Enforcement Act of 1994 の一部としての Hate Crimes Sentencing Enhancement Act of 1993（ヘイトクライム判決強化法）　https://legcounsel.house.gov/Comps/103-322.pdf

本邦外出身者に対する不当な差別的言動の解消に向けた取組の推進に関する法律　http://www.shugiin.go.jp/internet/itdb_housei.nsf/html/housei/19020160603068.htm

北海道旧土人保護法　http://www.pref.hokkaido.lg.jp/ks/ass/new_sinpou4.htm

世界人権宣言（外務省仮訳）
https://www.mofa.go.jp/mofaj/gaiko/udhr/1b_001.html

https://www.mofa.go.jp/mofaj/gaiko/udhr/1b_002.html
国際人権規約：社会権規約（外務省訳）
https://www.mofa.go.jp/mofaj/gaiko/kiyaku/2b_001.html
https://www.mofa.go.jp/mofaj/gaiko/kiyaku/2b_002.html
https://www.mofa.go.jp/mofaj/gaiko/kiyaku/2b_003.html
https://www.mofa.go.jp/mofaj/gaiko/kiyaku/2b_004.html
https://www.mofa.go.jp/mofaj/gaiko/kiyaku/2b_005.html
https://www.mofa.go.jp/mofaj/gaiko/kiyaku/2b_006.html
国際人権規約：自由権規約（外務省訳）
https://www.mofa.go.jp/mofaj/gaiko/kiyaku/2c_001.html
https://www.mofa.go.jp/mofaj/gaiko/kiyaku/2c_002.html
https://www.mofa.go.jp/mofaj/gaiko/kiyaku/2c_003.html
https://www.mofa.go.jp/mofaj/gaiko/kiyaku/2c_004.html
https://www.mofa.go.jp/mofaj/gaiko/kiyaku/2c_005.html
https://www.mofa.go.jp/mofaj/gaiko/kiyaku/2c_006.html
https://www.mofa.go.jp/mofaj/gaiko/kiyaku/2c_007.html

あとがき

広岡　守穂

1. この本は、学生といっしょにつくった。ふつうの本づくりとはかなり違うつくり方をした。だから最後に、どうやって本をつくったかを説明しておきたい。

まず学生たちがどんな分野のことを学びたいかを話し合った。学生たちといっても実際にはわたし（広岡）の専門ゼミに在籍する学生たちである。学生の希望を大きく分けるとまちづくり、ジェンダー、平和の３つになった。それから分野によって執筆いただく先生方をさがした。９人の先生にご承諾いただくことができ、そのあと各先生と担当の学生たちとの間で、何を学びたいか、どんなことを知りたいか、細かにやりとりした。分野によっては、執筆者の先生から取材や資料調べを依頼された。インタビューに出向くことができたのは、学生にとってとても良い経験だったと思う。

執筆が進み第一稿が仕上がると、ゼミでみんなで読んだ。先生の事情によって初稿が仕上がる時期はバラバラだったから、けっこう時間をかけて入念に読むことができた。学生は読者と編集者の一人二役になって原稿を読んだ。

2. さてここからが難しい。またおもしろいところである。といっても事前に予想していたことではなく、実際に経験してわかったことだった。実際に原稿が目の前にあらわれてはじめて、学びたいことがはっきりしてくる。もっと知りたいこと、書いてほしいことが具体的に見えてくるのだ。難しさもおもしろさも、それに尽きると思うが、それこそ「学ぶ」ということの本質に通じることだと思われる。

学びたいことは、すぐはっきり見えてくるわけではない。授業でジェンダーについて学んでいる学生でも、父親が子育てすることについての意識がどう変わったかなどということについて知識があるわけではないからだ。まして執筆者は専門の先生方である。なるほど、わかりました、勉強になりましたと、ただ書かれたことをそのまま受け容れるのがせいぜいである。これは生涯学習でいえば「承り学習」の段階である。

「承り学習」でも、論文を批判的に読むことはできないことはない。授業を聞いていて、先生の言うことには同感だとか、賛成できないとか思うのは、誰もが経験することだろう。何より学生が授業でまっ先に感じるのは、話がおもしろいかおもしろくないかである。しかし論文に何が書いてないのかとなると、なかなかわからない。授業で先生が何を語らなかったかがわかったら、その学生はよほどの出来物である。というわけで、何を知りたいのかは、実はすぐにはクリアにならないのである。このごろはインターネットが普及して、誰でも自分の意見を表現することができるようになった。ちょっと目には立派な意見に見え、書き込んだ人が何を知っているかは伝わっても、その人が何を知らないかは直接にはわからない。それと似ている。

3. 編集作業が終わりに近づいたとき、あるゼミ生がこんなことを語った。「まったく知識のないまま執筆者の先生のところに編集者として出向くのはとても緊張しました。事前に先生の著書を読みましたが、やはり付け焼き刃です。わからないことについて聞かれるのが怖かったです。ですが、今つくっている教科書をこれから読む人も、きっとわからないことなんだ、と思うことで、わからないことを積極的に聞くことができました。執筆者の先生や取材した皆さまもその都度かみ砕いてわかりやすく教えてくれたのは本当にありがたかったです」。

わたしはその言葉を聞いて、何だか胸がいっぱいになった。駆け出しの研究者になったころ、いろいろな人に聞き取りをした苦労を思い出した。学ぶというのはこういうことなのだと、あらためて痛感したからである。

少し先走り過ぎた。

「三人寄れば文殊の知恵」ということわざがある、ゼミで議論していると、

あとがき　171

こういうことについて知りたい、ああいうことについて書いてほしいということが、少しずつ明白になる。ただ議論するだけでなく、実際に手分けして調べると、いっそう明らかになる。新聞記事を調べたり、統計データを調べたりもしたが、実際に現場を訪れたりインタビューしたりもした。たとえば父親の子育てについて、ゼミ生 4 人が「育時連」のメンバーに会って話をうかがった。かながわ女性会議の総会に 3 人がオブザーバー参加して交流した。生活困窮者支援の現場で関係者の取材をした。平和学の現状についてゼミ授業時間にお話をうかがった、などなど。「承り学習」から一歩前に出たのである。

　ここまでが、第一のステップである。

4.　さて、以上までなら学習者の段階である。しかし学んでばかりだと編集はできない。編集者の段階に進まなければならない。だけどこれがまたたいへんだった。

　まず第一に学生は執筆者に対してどんな要望をしたらいいかがわからない。わたしはそのことに気づかず、第一稿を読んで、まず執筆者にどんな要望をしたらいいか考えてもらおうと思った。それを宿題にしたところ、返ってきた要望がほぼ全員、細かな変換ミスやおかしな表現をなおしてほしいという指摘ばかりだった。十人が十人、内容については何も要求がないのだった。

　わたしはがっかりした。そして考えが足りなかったと反省した。字句の修正は校正である。編集ではない。といって著者にあれこれ注文をつける能力はない。わたしはどうすれば良いか考えて、方針を変えた。次のゼミでは原稿がわかりやすいか難しいか聞いた。主張に賛成か反対かではなく、書いてあることが理解しやすいか難解かを聞いたのである。するとそれについてはまことにはっきりした返事が返ってきた。わかりにくい。それならどこがわかりにくいのか、何をどう書いてもらったらいいのか、みんなで考えた。中には著者の主張を誤解していると思われる発言もあったが、それは読者の問題というより、まずは著者の問題であるはずだ。執筆者にはそこをなおしてもらいたい。とにかくたくさんの要望が出た。わたしが書いた文章についても山ほど要望が出た。

　編集作業が一段落したとき、あるゼミ生が言った。好きな本などを読むときは作者に対する要望が思いつくのに、実際に執筆者の文章への要望を見つけよ

うと意識して読むと、なかなか具体的なことが思い浮かばなかった。それに自分より知識や経験が豊富な人に対して、要望を出すということが怖かった。彼女はそう語った。言われてみると、その気持ちはよくわかる。

5. いろいろと要望が出て、それはそれでよかったのだが、さて今度はわたしが困ってしまった。わたし自身経験があるが、自分の書いた原稿について編集者から手直しを要求されるのはあまりうれしいことではない。「文は人なり」という言葉があるが、注文をつけられると自分の人格そのものが傷つけられたような気分になりがちなのだ。

しかし本が出たあとで考えると、編集者の意見に従ってよかったと思わなかったことはない。編集者の意見は非常に大切なのだ。わたしが編集者からきびしい注文を受けたのは、講談社現代新書を書いたときと岩波新書を書いたときだったが、あのときの経験が本当に自分を成長させたと思う。最初の読者である編集者の意見は何より大切にしなければならない。

しかし、そうとはわかっていても、なかなか素直になれない。まして要望を出すのは学生である。編集者からでさえあれこれ注文をつけられたら面白くないのに、相手が学生だったらなおのことである。そこで執筆者の先生方には細心の注意を払って、学生の要望を伝えた。つまり学生の要望というよりも、わたしの意見としてお伝えした。

内容も、そのままにはお伝えしなかった。というのは若い人はどんなに気をつかっているつもりでも、相当に露骨な言い方をするからだ。カドの立たない言い方を身につけるのは時間がかかる。とはいえ、その点は学生も十分に自覚していて、とても気をつかったようである。次に紹介するのは、ある学生のふりかえりである。「先生方に会うために日程を調整したり、何か書いていただきたいことをメールでお願いする際に、とても言葉づかいに気をつかいました。それがいちばんの思い出です。また、送られてきた文章を読んだとき、そっかあ、なるほど勉強になるなあと、どうしても受け身になってしまいました。なので、もう少し自分たちが自主的に事前に調べる時間を確保すべきだったと反省しました」。

あとがき　173

6. 　編集の最後の山は書名を考えることである。内容がちゃんと伝わり、人の関心をひく。本ができたら、最後の最後に、本を知ってもらうという課題がある。

　書名はワークショップで考えた。実はゼミ生にコピーライターの修業をしている学生がいて、手法を伝授してもらった。はじめに学生はそれぞれタイトル案を紙に書く。だいたい案が出そろったら、みんな立って教室を回り、他の人たちの案を見る。そしてこれはと思う案をチェックしてもらう。KJ法なら何度もファシリテータを経験したことがある。しかし、こういう方法を経験するのは、はじめてだった。

　ワークショップを1回すれば良い書名が見つかるわけではない。合計3回ワークショップをおこなった。その中に「学生と教授がいっしょにつくる本」という案もあった。なかなか良いと思ったが、これはサブタイトルにどうかというのが、大方の考えだった。学生の支持が多かった案をいくつか有信堂に持ち込んだのだが、もしかしたらもっと良い案があるかもしれないという返事が返ってきた。これは学生もわたしも感じていたことだった。

　さて、本づくりの作業は終わった。このあと学生や執筆者の手を離れて、原稿は印刷所に入り、製本されて、書店にならぶことになる。だけどもう1つ大事な仕事が残っている。本を知ってもらうことだ。本は読んでもらわなければ意味がない。何か話題になるようなイベントをしてみたらどうか。シンポジウムや講演会ということになるだろうと思うが、一般市民に知ってもらいたいし、できることなら新聞や雑誌やテレビに取り上げてもらいたい。うまくいくどうかは、これからの努力しだいである。

7. 　それやこれやで本づくりはたいへんだった。しかし困難が大きければ、その分だけ学ぶところも大きいはずだ。学生たちの感想はそのことをうかがわせた。

　「どんな風にページを揃えるかとか、タイトル、校正など編集者はとても細かいところまで本に携わっているということを実感した」。

　「いちばん印象に残っているのはシェルターを訪問して話を聞いたときだった。取材として行かせていただいたのに、自分は話を受け止めるのに精一杯

だった。聞いた話にただ共感するばかりで、帰宅したとき自分を情けないと感じた。取材することがこれほど体力も頭脳も使うとは思わなかった。この一件以来、人の話を聞くときは事前準備に力を入れるようにしている。また、同じ話を聞いていても書き起こした文を見ると人によって違うことを書いていることも少なくなかった。自分のフィルターをかけずに、自分が聞きたいことではなく相手の話したいことを代弁者として伝えることが重要なのではとも感じた」。

「いちばん感じたことは、自分たちが普段何気なく読んでいる本の裏には何人もの人の苦労があるということだった。今までは著者がすごいという認識しかなかったが、制作側の立場に立ってはじめて、編集のたいへんさを知った」。

「本のタイトルも、内容が伝わるのはもちろんのこと、人をひきつける、かつインパクトのあるものを考えなければならないとなると、想像していた以上に難しかった」。

それやこれやでゼミでの本づくりは本当にいい経験だった。若いときから一度はやってみようと思っていたのだが、うまくやれる自信がなかった。定年近くなってその気になったのは、2017 年に文学に関する国際シンポジウムを主催したとき、学生が大活躍してくれたからだった。こういう学生が在籍しているときなら念願が叶うかも知れないと思って、思い切って挑戦した。それでも1 年では完成しなかった。2 年かかった。2017 年度、2018 年度、2019 年度に広岡ゼミに在籍してくれた学生に心からお礼を言いたい。ありがとう。

執筆者紹介（執筆順）

広岡　守穂（中央大学教授）　　　　　　　　　　　　編者、はじめに、第1章、あとがき

山本　千晶（神奈川大学法学研究所客員研究員）　　第2章

吉田　洋子（NPO法人かながわ女性会議理事長）　　第3章

近藤　真司（日本青年館『社会教育』編集長）　　　第4章

谷岡　慎一（豊岡市市民生活部長）　　　　　　　　第5章

川崎　あや（一般社団法人インクルージョンネットかながわ理事）　第6章

和田　佐英子（宇都宮共和大学教授）　　　　　　　第7章

上村　英明（恵泉女学園大学教授、市民外交センター共同代表）　第8章

神子島　健（東京工科大学准教授）　　　　　　　　第9章

暉峻　僚三（川崎市平和館専門調査員）　　　　　　第10章

新井　聡子（新月ミーティング〈仮〉主宰）　　　　コラム①

高比良　正司（元NPO法人NPO推進ネット理事長）　コラム②

蜂谷　徹（中央大学通信教育部インストラクター）　コラム③、コラム④

社会が変わるとはどういうことか？

2019年10月1日　　初　版　第1刷発行　　　　　　〔検印省略〕

編　者ⓒ広岡　守穂／発行者　髙橋　明義　　　　　印刷・製本／亜細亜印刷

東京都文京区本郷1—8—1　振替 00160-8-141750　　　　　　　発行所
　　　　〒113-0033　　TEL(03) 3813-4511　　　　　　　株式　有信堂高文社
　　　　　　　　　　　FAX(03) 3813-4514　　　　　　　会社
　　　　http://www.yushindo.co.jp　　　　　　　　　　Printed in Japan
　　　　ISBN978-4-8420-5022-5

社会が変わるとはどういうことか？　　　　　　　　　　　広岡守穂編　一八〇〇円

通俗小説論——恋愛とデモクラシー　　　　　　　　　　広岡守穂著　二二〇〇円

ジェンダーと自己実現　　　　　　　　　　　　　　　　広岡守穂著　二七〇〇円

市民社会と自己実現　　　　　　　　　　　　　　　　　広岡守穂著　二五〇〇円

ポストモダン保守主義——業績がものをいう社会の陥穽　広岡守穂著　二二〇〇円

政治学原論　　　　　　　　　　　　　　　　　　　　　丸山敬一著　二〇〇〇円

ナショナリズム論——社会構成主義的再考　　　　　　　原　百年著　二九〇〇円

東アジアの国際関係——多国間主義の地平　　　　　　　大矢根聡編　三九〇〇円

民族自決の果てに——マイノリティをめぐる国際安全保障　吉川　元著　三〇〇〇円

国際協力のレジーム分析——制度・規範の生成とその過程　稲田十一著　二七〇〇円

国際政治と規範——国際社会の発展と兵器使用をめぐる規範の変容　足立研幾著　三〇〇〇円

国際関係学〔第二版〕——地球社会を理解するために　　滝田賢治
　　　　　　　　　　　　　　　　　　　　　　　　　　大芝　亮
　　　　　　　　　　　　　　　　　　　　　　　　　　都留康子編　三三〇〇円

新版 国際関係法入門　　　　　　　　　　　　　　　　櫻井雅夫
　　　　　　　　　　　　　　　　　　　　　　　　　　岩瀬真央美著　二五〇〇円

★表示価格は本体価格（税別）

有信堂刊